DEUTSCHE OSTSEEKÜSTE

Die Kreidefelsen auf Rügen ziehen sich etwa zehn Kilometer an der Ostseite der Halbinsel Jasmund entlang. Seit 1990 ist diese einzigartige Landschaft aus poröser Kreide als Nationalpark geschützt.

DEUTSCHE OSTSEEKÜSTE

Ein historisches Zeesenboot bummelt an einem strahlenden Sommertag die Boddenküste Mecklenburg-Vorpommerns entlang. Es gibt noch etwa 90 der alten Schiffe mit den charakteristischen braunen Segeln.

ZU DIESEM BUCH

»Wo de Ostseewellen trecken an den Strand,
Wo de gele Ginster bleuht in'n Dünensand,
Wo de Möwen schriegen, grell in't Stormgebrus,
Da is mine Heimat, da bün ick tau Hus.«

Martha Müller-Grählert, um 1906

Die Schriftstellerin Martha Müller-Grählert (1876–1939) dichtete das spätere Lied »Mine Heimat« in ihrem Heimatstädtchen Barth in Vorpommern. Seitdem hat es in zahlreichen Adaptionen und Übersetzungen die Welt erobert. Dort, wo es herkommt, hat sich nichts verändert: Noch immer blüht der »gele Ginster« im Dünensand im lütten, stillen Inselland auf dem Darß – eine von den unverwechselbaren Regionen, die die deutsche Ostseeküste so vielgestaltig machen.

Mit dicht bewaldeten Hügeln, schroffen Klippen oder amphibischen Wasserlandschaften mit Bodden und Nehrungen ist die Ostseeküste eine der abwechslungsreichsten Topografien in Deutschland. Viele Naturschutzgebiete – Fluchtpunkt für seltene Tier- und Pflanzenarten – bewahren große Teile dieser raren Biotope. Wildromantische Naturstrände findet man ebenso, wie perfekt erschlossene Kuranlagen. Zugleich ist die Ostseeregion mit den Bundesländern Schleswig-Holstein und Mecklenburg-Vorpommern eine alte Kulturregion mit beeindruckenden Bauten und historischen Artefakten, deren Ursprung bis ins frühe Mittelalter zurückreicht – vereinzelt sogar noch viel länger, wie vielerorts spannende Museen dokumentieren.

Großformatige Bilder und informative Texte bilden eine sinnliche Symbiose, die den Duft, die Töne und den Geschmack der Küste nachempfinden will. Auf mehreren Sonderseiten werden Spezialthemen, wie die Ära der Wikinger oder die Leuchttürme an der Küste, behandelt. Auf die geografisch von West nach Ost geordneten Bildkapitel folgt ein Atlasteil, der Ihnen dabei hilft, die jeweiligen Sehenswürdigkeiten schnell und einfach zu finden. Das abschließende Register, das die Bildband- und Atlasseiten miteinander verknüpft, enthält die wichtigsten Internetadressen zur weiteren Orientierung.

Wolfgang Kunth

Gelb, Blau, Rot, Weiß – das sind die an der Ostsee häufig anzutreffenden Farben: Gelb blüht der Raps, blau leuchten Meer und Himmel, rot-weiß sind die Leuchttürme, wie hier das ehemalige Leuchtfeuer Falshöft.

INHALT

Bei der Gliederung haben wir uns im weitesten Sinne topografisch-politisch leiten lassen; wir beginnen im äußersten Nordwesten mit der Schleswiger Ostseeküste, wenden uns ostwärts in Richtung Holstein, Mecklenburg und Vorpommern, setzen über nach Rügen und erreichen schließlich das östliche Vorpommern. Hilfreiche Karten für eigene Stippvisiten finden Sie in den abschließenden Kapiteln Atlas und Internetadressen mit Register.

Schleswiger Ostseeküste	8
Holstein	36
Mecklenburg	62
Vorpommern	94
Rügen	108
Östliches Vorpommern	128
Atlas	140
Internetadressen mit Register	156

In vielen Häfen an der Schleswiger Küste flattern auch heute noch die roten Wimpel der Fischerbojen, die zur Netzmarkierung dienen; am Kai stehen bunte Fischkisten, und der Duft von Fisch liegt in der Luft – so auch im Hafen von Maasholm an der Schlei (großes Bild). Aus gelb blühenden Rapsfeldern lugt im Juni der Leuchtturm Dameshoeved zwischen Dahme und Kellinghusen, der 1880 gebaut wurde (oben).

SCHLESWIGER OSTSEEKÜSTE

Die Fischerei hat die Region von Kappeln bis Kiel geprägt. Auch wenn dort heute nur noch wenige Menschen gewerblich zur See fahren, finden sich bis heute überall Spuren einer langen maritimen Tradition – von der Jagd nach dem »Brot des Meeres« oder vom Warenhandel. Vielfach ist der Wassersport an Stelle der gewerblichen Seefahrt getreten; beides begünstigt die buchtenreiche »Fördenküste«. Die Förden entstanden in der letzten Eiszeit als Gletschertäler, die sich beim Schmelzen des Eises mit Wasser füllten.

Nur wenige hundert Meter von der Flensburger Förde entfernt liegt das Wasserschloss Glücksburg. Es besteht aus drei nebeneinanderstehenden Giebelhäusern (oben), die ein 30 Meter langes Quadrat bilden – an jeder Ecke trutzt ein achteckiger Turm (großes Bild). Es gibt keinen Innenhof, jedoch einen viereckigen Schlossplatz, der von drei Seiten bebaut ist. Von dort gelangt man zum Schlosspark, zum Rosarium und zur Orangerie, in der Konzerte veranstaltet werden. Im Schlossmuseum können der Folterkeller und die barocke Schlosskapelle besichtigt werden.

Glücksburg

»Gott gebe Glück mit Frieden« – dieser Wahlspruch von Johann dem Jüngeren von Schleswig-Holstein prangt über dem Portal von Schloss Glücksburg und gab der einmalig schönen Renaissanceanlage einst ihren Namen. Der Herzog ließ sie 1582 bis 1587 nahe der Flensburger Förde auf und mit den Überresten eines Zisterzienserklosters errichten. Sein Baumeister Nikolaus Karies schuf die Residenz nach französischem Vorbild mit vier oktagonalen Ecktürmen um einen quadratischen Grundriss, in der zeitweise sogar Dänemarks Könige Hof hielten. Davor liegt der Schlossplatz mit Nebengebäuden und angrenzendem Park im englischen Stil mit dem Rosarium, das zu besichtigen ist. Auch Teile des Schlosses sind als Museum zugänglich, darunter ein großer Rittersaal, ausgesuchte Möbel-, Silber- und Porzellanantiquitäten aus herzoglichem Besitz sowie die Schlosskapelle von 1717.

Sicherung der Ostsee war im Kalten Krieg der wichtigste Auftrag der Bundesmarine – mit Schnellbooten (oben und großes Bild) sowie mit U-Booten. In Eckernförde ist mit dem Typ U-212A das modernste U-Boot der Welt stationiert (rechte Bildleiste oben und unten). Mitte: U-Boot des Typs U-206A.

MARINEHÄFEN

Die deutsche Marine unterhält drei große Stützpunkte an der Ostsee: In Rostock und Warnemünde sind Schnellboote stationiert. An der Kieler Tirpitzmole, traditionelle Marinebasis aus wilhelminischer Zeit, liegt neben der Fregatte »Hamburg« eine Flottille Minenräumboote sowie in Eckernförde die U-Boote. Sämtliche Einheiten dienten während des Kalten Krieges einem einzigen Ziel: der sowjetischen Baltischen Flotte im Falle eines Konfliktes zwischen Ost und West die Passage durch die Ostsee sowie Landungsversuche unmöglich zu machen. Die Gegenseite nahm diese Gefahr ernst: Die Sowjets mobilisierten gegen die 24 deutschen und sechs dänischen U-Boote in der Ostsee allein 75 schwimmende und 150 fliegende U-Boot-Jäger, auch wurde ein beträchtlicher Teil der Baltischen Flotte ins Nordmeer verlegt. Nach Beendigung des Warschauer Paktes hat die Präsenz zwischen Flensburg und Usedom nur noch untergeordnete Bedeutung, die Marine wird nun für weltweite Einsätze umstrukturiert. Dazu gehört auch der Umbau der Flotte: So wurde kürzlich in Eckernförde mit dem U-212A der modernste U-Boot-Typ der Welt in Dienst gestellt, der dank Brennstoffzellenantrieb drei Wochen ununterbrochen getaucht unterwegs sein kann und mit herkömmlicher Ortungstechnik nahezu nicht zu entdecken ist.

Schleswiger Ostseeküste | Deutsche Ostseeküste

Nach historischen Plänen und mit alter Handwerkskunst werden an der Flensburger Förde Holzboote nach historischem Vorbild neu gebaut (großes Bild) oder restauriert, wie etwa der Frachtensegler Dansk Jagt in der Museumswerft, dessen Original im Jahre 1794 vom Stapel lief (kleines Bild unten). Segelyachten liegen im Hafen von Flensburg (kleines Bild oben), das mit seiner historischen Altstadt landschaftlich reizvoll am Ende der 34 Kilometer langen Flensburger Förde liegt.

Flensburg, Flensburger Förde

So wie die Förde zwei Ufer, so hat Flensburg zwei Kulturen: die deutsche und die dänische. Mehr als ein Fünftel der Bevölkerung gehört der dänischen Minderheit an, die eigene Kindergärten, Schulen, Vereine und mit der »Flensborg Avis« sogar eine Zeitung in ihrer Sprache nutzt. Auch die lange Tradition als Umschlagplatz für Rum hat das Lebensgefühl nachhaltig positiv beeinflusst – einst veredelten 200 Rumhäuser den karibischen Schnaps, zwei gibt es heute noch. Zwar befahren nicht mehr viele Handelsschiffe die 34 Kilometer lange Förde, doch für Wassersportler zählt sie zu den beliebtesten Revieren Deutschlands. An ihre maritime Tradition erinnern schwimmende Veteranen im Museumshafen, der auch Heimat des Flensburger Wahrzeichens ist: der 1908 gebaute Salondampfer »Alexandra«, technisches Denkmal und regelmäßig zu Ausflügen auf der Förde unterwegs.

Weißgänse (großes Bild). In Angeln gibt es zahlreiche kleine Höfe, wie den von Bauer Jensen in Soerup Barg, der 35 Angler Rinder besitzt – diese alte Rasse ist in ihrem Bestand bedroht (kleine Bilder oben). Unten: Rapsfelder findet man im Sommer überall in Norddeutschland.

Angeln

Zwischen der Flensburger Förde und der Schlei liegt Angeln. Ihren Namen bekam die Region, weil man hier den Ursprung des Volkstammes der Angeln vermutet. Die wichtigste Gemeinsamkeit der Bewohner Angelns ist die exponierte Lage auf einer Halbinsel. Nach Westen hin grenzt die Region an den historischen Ochsenweg, eine alte schleswig-holsteinische Fernroute von Hamburg nach Viborg. Die Landschaft in Angeln haben Kleinbauern geprägt – typisch sind kleine Gehöfte in der Drei-Seit-Bauweise und ebenso kleine Felder, durch Knicke und gewundene Straßen voneinander getrennt. Seltener, aber umso beeindruckender sind die Herrenhäuser, zum Beispiel die Güter Düttebüll, Toesdorf, Drült und Dänisch-Lindau, bekannt aus der beliebten TV-Serie »Der Landarzt«. Besonders sehenswert ist zudem die kleinste Stadt Deutschlands: der Fischerort Arnis.

Schloss Gottorf (oben links) war einst Sitz des dänischen Statthalters, heute beherbergt es mehrere Museen und den kürzlich restaurierten Gottorfer Globus (oben rechts: Detail). Im Dom zieht der von Hans Brüggemann geschnitzte zwölf Meter hohe Altar von 1521 die Blicke auf sich (großes Bild).

Schleswig

In einer Bucht an der Schlei liegt die Wikingerstadt Schleswig, erstmals 804 als Sliasthorp urkundlich erwähnt. Ursprünglich ein kleiner Nachbarort des bedeutenden Haithabu, trat Schleswig nach dessen Zerstörung sein Erbe an und stieg zum Handelszentrum auf – die Lage an der Schlei-Wasserstraße und der Ochsenweg-Fernroute war dazu prädestiniert. Symbole einstiger Größe sind der weithin sichtbare Dom und das mehr als 800 Jahre alte Schloss Gottorf, einst Sitz des dänischen Statthalters. Es beherbergt den berühmten Riesenglobus von 1664 sowie mehrere Museen zu den Themen Archäologie, Kunst- und Kulturgeschichte. Ein Besuch der malerischen Fischersiedlung Holm am Rande der Altstadt führt direkt in die Vergangenheit – zwischen Friedhofskapelle und Holm-Museum stehen zahlreiche Fischerhäuser, deren Bewohner vielfach noch der Schleifischerei nachgehen.

Informationen zum Leben der Wikinger, ihrer Kultur und seemännischen Leistungen vermittelt das Haithabu-Museum auf dem Gelände der gleichnamigen Siedlung an der Schlei, wo einst mindestens 1500 Menschen lebten. Hörner trugen die Wikinger nicht am Helm, sondern zum Trinken am Gürtel (obere Bildleiste, von links). Prunkstück der Ausstellung ist das über 1000 Jahre alte Langschiff, das 1979 aus dem Hafengrund geborgen wurde (großes Bild). Derzeit beschäftigt sich ein Team von Archäologen damit, einige der originalen Wikingerhäuser zu rekonstruieren.

DIE WIKINGER

Als 1979 bei archäologischen Untersuchungen in der Schlei ein hölzernes Wrack zutage gefördert wurde, war die Sensation perfekt: ein Drachenboot in der Wikinger-Stadt Haithabu! Heute ist das etwa 30 Meter lange Haithabu-Schiff Prunkstück des Museums, das an die bedeutende Handelsstadt erinnert. Haithabu wurde gegen Ende des 8. Jahrhunderts gegründet – in seiner Blütezeit bewohnten mindestens 1500 Menschen die 26 Hektar große Siedlung, die durch einen neun Meter hohen Erdwall geschützt war. 1050 ließ König Hardraba von Norwegen den Bischofssitz erobern und plündern. Die überlebenden Bewohner siedelten sich daraufhin im nahen Schleswig an, Haithabu wurde aufgegeben und vergessen. Heute liefert die Ausgrabungsstätte wertvolle Erkenntnisse über die Wikinger: Die Nordmänner mit ihren äußerst seetüchtigen Schiffen waren keine einheitliche Ethnie, sondern bäuerliche Abkömmlinge verschiedener skandinavischer Volksstämme, die von etwa 500 bis 1000 n. Chr. vermutlich durch Überbevölkerung und Hungersnöte gezwungen waren, ihre Heimat zu verlassen. Sie waren aber mehr als nur »wilde Barbaren«. Viele siedelten sich in Mitteleuropa, England oder der Normandie an, betrieben Ackerbau, Handwerk und Handel. Die Spuren der Wikinger reichen bis nach Sizilien, Afrika und Amerika.

Fischfalle: Der Heringszaun bei Kappeln ist der letzte Europas – um 1600 gab es in der Schlei 38 dieser Reusen für das »Silber des Meeres« (großes Bild). Heute gehen Fischer wie Jörg Nadler (unten links) und Jan Lorenz (unten rechts) lieber per Boot auf Fang. Oben: Marktplatz in Kappeln.

22 **Deutsche Ostseeküste** | Schleswiger Ostseeküste

An der Schlei

Wasser verbindet – besonders, wenn es nur drei Meter tief ist. Die seichte Schlei schlängelt sich 43 Kilometer von Schleswig durch die Marsch bis zur Ostseemündung bei Kappeln. Der längste Fjord Schleswig-Holsteins entstand einst als Schmelzwasserrinne für die abtauenden Gletscher der letzten Eiszeit. Die Schlei gleicht einer Seenkette, verbunden durch einen Fluss – die Breite variiert zwischen 100 Metern und 4,1 Kilometern. Obwohl nur wenige Brücken die Schlei queren, pflegen die Bewohner der beiden Ufer Angeln und Schwansen regen Kontakt – als »Schleiregion« kooperieren sie bei übergeordneten Themen wie Tourismus. Ihre Vorfahren, die Wikinger, gründeten vor mehr als 1200 Jahren den Handelsplatz »Haithabu«, heute als Grabungsstätte und Museum bekannt. Ortsnamen wie Sieseby oder Fleckeby legen Zeugnis ab von den einstigen Gründern.

Romantische Windfänge: Mühlen in St. Michaelisdonn (großes Bild) und Alt Duvenstedt (oben). Linke Bildleiste, von oben: Gelting; Nübbel; Weißenhaus und Gelting. Rechte Bildleiste, von oben: Grebin; Freilichtmuseum Molfsee bei Kiel; Pommerby auf Angeln und Lemkenhafen auf Fehmarn.

24 Deutsche Ostseeküste | Schleswiger Ostseeküste

MÜHLEN

Wo Meer ist, da gibt es auch Wind. Die seemännische Variante der Volksweisheit »Wo gehobelt wird, fallen Späne« hat auch andere Nutznießer: die Mühlen. So finden sich entlang der Ostseeküste an vielen exponierten Orten historische Windmühlen. Bis in die 50er-Jahre wurden die Anlagen noch gewinnbringend unterhalten, doch das Wirtschaftswunder machte dem uralten Gewerbe in Deutschland ein Ende. Hunderte Mühlen verfielen oder wurden gleich ganz abgerissen. Seit den 80er-Jahren besinnt man sich auch an der Küste auf das historische Erbe. So mahlen manche Windmühlen an der Ostsee wieder; zumindest einmal im Jahr an Pfingstmontag, beim »Deutschen Mühlentag«, für Touristen. Auch die drei Mahlgänge der »Edda« in St. Michaelisdonn von 1842 können noch heute krachend in Bewegung gesetzt werden. In einigen der markanten Bauwerke sind Restaurants eingerichtet. Manche – wie der Neubau von Alt Duvenstedt in Holstein, die 180 Jahre alte Holländermühle im ostholsteinischen Farve oder die noch ältere »Charlotte« an der Geltinger Bucht – sind Wohnungen, in anderen – wie in der Holländermühle Anna in Nübbel bei Rendsburg und der 1851 gebauten Grebiner Mühle in Wagrien – befinden sich heute Heimatmuseen, die Lemkenhafener Mühle auf Fehmarn beherbergt ein Mühlenmuseum.

Schleswiger Ostseeküste | **Deutsche Ostseeküste**

Schloss Ludwigsburg (großes Bild) hieß ursprünglich Kohöved. In seiner heutigen barocken Form mit umliegenden Gärten ließ es Baron Ludwig von Dehn, nach dem das Wasserschloss benannt wurde, erbauen. Neben dem Goldenen Saal lohnt sich die Besichtigung der Bunten Kammer mit den 145 historischen Ölgemälden. Ein hoher Himmel und vom Wind zerzauste Bäume (oben) prägen die Landschaft rund um das meerumschlungene Schwansen. An den so genannten Knicken, Schutzhecken gegen den starken Wind, leben auch Feldhasen (kleines Bild unten).

Schwansen

Drei Seiten von Schwansen grenzen ans Wasser: Das Ufer der Schlei, die Eckernförder Bucht im Süden und die Ostsee rahmen die leicht hügelige Landschaft ein. Ebenso wie das jenseitige Ufer sind sie von kleinbäuerlichen Strukturen geprägt, in denen die recht prachtvollen Herrenhäuser auffallen. Der größte Arbeitgeber Schwansens ist das Ostseebad Damp mit Kurbereich. Hier steht das einzige Renaissance-Gutshaus der Umgebung, in dem auch Führungen stattfinden. Schloss Ludwigsburg dagegen ist eine der bedeutendsten Barockbauten Schleswig-Holsteins. Auf den Fundamenten einer mittelalterlichen Befestigung erbaut, beherbergt es heute ein Gestüt und ein Café. Das Schloss kann teilweise besichtigt werden, Höhepunkt seiner Innenarchitektur ist die so genannte »Bunte Kammer« mit 145 kleinen Ölgemälden aus dem 17. Jahrhundert und üppigem barockem Raumschmuck.

Tor zur Welt: Kiel ist Ausgangspunkt ins Baltikum und nach Skandinavien – am Schwedenkai legen die großen Fähren nach Göteborg ab (großes Bild). Prächtig erleuchtet ist das Rathaus mit Kiels Wahrzeichen, dem »Campanile«, und das Opernhaus am Kleinen Kiel (Bild oben).

Kiel

Wasser prägt die Landeshauptstadt Schleswig-Holsteins mit heute etwa 230 000 Einwohnern – der Naturhafen an der malerischen Fördeküste ist Ausgangspunkt für Fähren ins Baltikum, nach Skandinavien und Russland. Der Name der Stadt rührt vermutlich vom alten Wort »Kyle« her, der zum »Keil« wurde und die keilförmige Förde meint. Über Jahrhunderte abgeschlagen hinter Lübeck und Flensburg, verdankt Kiel seinen raschen Aufstieg im 19. und frühen 20. Jahrhundert dem Schiffbau und der Marine. Allein zwischen 1900 und 1910 hat sich die Einwohnerzahl auf 211 000 Menschen mehr als verdoppelt, 30 000 davon waren Angehörige der Marine. Noch heute empfängt der Stützpunkt der Bundesmarine Flottenbesuche aus aller Welt. Auch der Fährhafen, der Nord-Ostsee-Kanal und die jährliche Kieler Woche machen Kiel zu einer Stadt mit internationalem Publikum.

Große Bilder, von links: Ein Lotse zwischen zwei Schiffen; eine Fähre passiert Laboe mit dem Marineehrenmal. Am Strand der Kieler Förde steht ein U-Boot aus dem Zweiten Weltkrieg. Das Innere, etwa die Maschinentelegrafen in der Kommandozentrale, ist zu besichtigen (oben, von links).

Kieler Bucht, Laboe

Am östlichen Ufer der Kieler Förde liegt kurz vor ihrer Einmündung in die Ostsee Laboe, das heute zu Kiel gehört. Bekannt ist der Ort, dessen einst slawischer Name sinngemäß »Schwanenort« lautet, vor allem wegen des markanten Marineehrenmals. Ursprünglich sollte das 85 Meter hohe Monument, das 1927 überwiegend aus privaten Spenden finanziert wurde, an die etwa 35 000 gefallenen deutschen Marineangehörigen im Ersten Weltkrieg erinnern; seit 1954 ist es Gedenkstätte für die Seeleute aller Nationen, die »auf den Meeren blieben«, wie es der deutsche Marinebund formuliert. Der Turm wird als Aussichtspunkt bis nach Dänemark geschätzt. Zugleich dient die Anlage bis heute Wassersportlern und der Berufsschifffahrt als Ansteuerungsmarke. Wenige Meter davor steht ein deutsches U-Boot aus dem Zweiten Weltkrieg, das als technisches Museum dient.

Während die Jollen in der Innenförde unterwegs sind, jagen die »Dickschiffe« über die offene Ostsee; bei Kursen »hoch am Wind« neigen sich – wie auf dem großen Bild links zu sehen – die Bootsrümpfe stark zur Seite, so dass die Mannschaften ein Gegengewicht bilden müssen. Höhepunkt der Kieler Woche ist die Windjammerparade, die alljährlich vom Segelschulschiff der Bundesmarine, der »Gorch Fock«, angeführt wird (großes Bild rechts). Gedränge um die Tonne: Regattateilnehmer segeln im Dreieck; an den Wendepunkten kann es eng werden (oben).

KIELER WOCHE

»Klar zur Wende!« Jedes Jahr in der letzten Juniwoche wird die Kieler Förde zur maritimen Arena, wenn von der »Kiellinie« bis zum Olympiahafen Schilksee an der Ostsee mehr als 2000 Boote um die Meisterschaften der nationalen und internationalen Bootsklassen kämpfen. Mit 5000 Seglern und rund 3,5 Millionen Besuchern ist die Kieler Woche das größte Segelsportereignis der Welt – »Starboote«, »Laser«, »Piraten«, »Drachen« und andere Klassen starten auf den Regattabahnen entlang der Förde, während parallel zum Wettkampf auf dem Wasser in der Landeshauptstadt Schleswig-Holsteins ein riesiges »Seglerfest« stattfindet: Über 1500 Veranstaltungen vom Kinderzirkus über Klassik-Konzerte, von der Imbissbude bis zum Feuerwerk begeistern die Zuschauer. Höhepunkt der Kieler Woche jedoch ist die Windjammerparade am Wochenende, traditionell angeführt vom stolzen Segelschulschiff der Bundesmarine, der »Gorch Fock«. Die Tradition der Kieler Woche reicht zurück bis ins Jahre 1882: Damals nahmen 20 Segelyachten, darunter eine dänische, an einer Privat-Regatta vor Düsternbrook teil. Zehn Jahre später waren es bereits 100 Teilnehmer – wegen ihrer unbeständigen Wind- und Wetterverhältnisse gilt die Ostsee vor Kiel noch heute als eines der anspruchsvollsten Segelreviere weltweit.

Schleswiger Ostseeküste | Deutsche Ostseeküste

Unbeirrt folgt ein Tankschiff seinem Kurs auf dem Nord-Ostsee-Kanal (großes Bild). Weil kein Höhenunterschied zu überwinden ist, haben die mächtigen Schleusen im westlichen Brunsbüttel und in Kiel-Holtenau (Bilder oben) nur die Aufgabe, Ebbe und Flut auszugleichen.

Nord-Ostsee-Kanal

Die wichtigste künstliche Wasserstraße der Welt liegt in Schleswig-Holstein: Jährlich befahren 45 000 Schiffe den Nord-Ostsee-Kanal zwischen Brunsbüttel und der Kieler Förde. Schon die Wikinger kannten eine Verbindung – allerdings mussten sie ihre Drachenboote mehrere Kilometer über Land schleppen. Ab 1784 schloss der Schleswig-Holstein-Kanal diese Lücke. Als dieser zu eng wurde, hoben 8900 Arbeiter in nur acht Jahren den Kaiser-Wilhelm-Kanal aus. Eine Militärstrategie hatte das Mammutprojekt beschleunigt: Die neue deutsche Flotte sollte sowohl in der Ost- als auch in der Nordsee komplett zum Einsatz kommen können. Die heute Nord-Ostsee-Kanal genannte internationale Wasserstraße mit 98,6 Kilometer Länge erspart rund 740 Kilometer Seeweg um die dänische Halbinsel und beschert verblüffende Perspektiven auf Frachter und Ozeanriesen inmitten von Grün.

Unter den Zwillingstürmen der Lübecker Marienkirche, mit ihrem fast 40 Meter hohen Mittelschiff das größte Backsteingewölbe der Welt, zieht sich ein Gewirr von Gassen und Gängen zwischen alten Kaufmannshäusern. Adolf II. Graf von Schauenburg und Holstein gründete das spätere Handelszentrum im Jahre 1143 auf einer Flussinsel in der Trave (großes Bild). Morgenstimmung am Plöner See (oben).

HOLSTEIN

Seit fast 1000 Jahren wird die Landschaft zwischen den Flüssen Eider und Elbe Holstein genannt – nach ihren Bewohnern, dem Stamm der Holsaten, auf Niederdeutsch »Waldbewohner«. In der abwechslungsreichen Landschaft, die von der Eiszeit geformt wurde, findet man nicht nur Wälder, sondern vor allem in der Holsteinischen Schweiz auch idyllische Seen und sanfte Hügel. Schönste Stadt und kulturelle Keimzelle ist Lübeck, die stolze »Königin der Hanse« mit einer pittoresken Altstadt, ein UNESCO-Weltkulturerbe.

Fischreichtum: Im Selenter See kann man u. a. Maränen angeln (kleine Bilder oben). Großes Bild und kleines Bild unten: Direkt am Ufer des zweitgrößten Sees von Schleswig-Holstein stehen die typischen alten Fachwerk-Bauernhäuser mit Reetdach. In manchen ist »Urlaub auf dem Bauernhof« möglich.

Probstei, Selenter See

Das Amt Probstei bei Schönberg war einst berühmt für seinen Kornreichtum. In Anlehnung daran finden jeden August die »Probsteier Korntage« statt. Kinder können dann im Heu toben, es finden Kutschfahrten durch die erntereifen Kornfelder statt, und kulinarische Spezialitäten »rund ums Korn« werden verköstigt. Im Sommer lockt die Museumsbahn von Schönberg in Holstein bis zum Ostseestrand Gäste an. Weiter südlich, auf halbem Weg zur Holsteinischen Schweiz, liegt der Selenter See, mit 22,4 Quadratkilometer Fläche der zweitgrößte des Bundeslandes und zum Paddeln, Segeln oder Surfen geeignet. Das Flüsschen Mühlenau verbindet ihn mit der zehn Kilometer entfernten Ostsee, die teilweise von einer Steilküste begrenzt ist. Bekannt ist das Gewässer vor allem für seinen Fischreichtum: Hier tummeln sich Aale, Barsche, Hechte, Maränen und Plötzen.

Naturidylle Hohwachter Bucht: Segelyachten kreuzen vor der grünen Küste Wagriens (großes Bild). Prächtige Regenbögen über den gelben Rapsfeldern und Sommerwiesen bei Bordesholm (Bilder oben). Zurück von der Fangfahrt, liegen Heiligenhafens Fischkutter in der Abenddämmerung sicher am Kai fest (rechte Bildleiste).

Howachter Bucht, Heiligenhafen

Die Region Wagrien war einst geheimnisumwittert – an der Hohwachter Bucht zwischen Kiel und der Insel Fehmarn beteten die Menschen noch bis weit ins 12. Jahrhundert heidnische Götter an. Erst mit der Unterwerfung durch die Schauenburger Grafen wurden die slawischen Siedler wohl oder übel missioniert. In diese Zeit entführt die 2003 erbaute Turmhügelburg bei Lütjenburg, präziser Nachbau einer slawischen Befestigungsanlage mit Palisaden und Wassergraben, wo Mittelalterfeste und Märkte stattfinden. Wie Lütjenburg liegt auch der Küstenort Hohwacht unweit des Großen Binnensees, durch das Flüsschen Kossau mit der Ostsee verbunden. Wenige Kilometer weiter, an der Spitze der Halbinsel Wagrien, befindet sich Heiligenhafen, das Tor nach Fehmarn. Das Städtchen mit seinem historischen Zentrum besitzt einen bedeutenden Fischereihafen sowie eine große Marina.

Holstein | Deutsche Ostseeküste

Zwielicht im kleinen beschaulichen Hafen Orth im Südwesten der Insel Fehmarn (großes Bild). Obere Bildleiste, von links: Im Sommer scheint das Eiland ein einziges Rapsfeld zu sein; mitten im Grünen steht der 1916 erbaute und 38 Meter hohe Leuchtturm Flügge im äußersten Südwesten der Insel. Die Südermühle in Petersdorf beherbergt heute ein Restaurant (kleines Bild unten).

42 **Deutsche Ostseeküste** | Holstein

Fehmarn

Ein Fehmarner Sprichwort sagt, dass auf der Insel schon morgens zu sehen ist, wer nachmittags zum Kaffee kommt – so flach ist sie, deren höchste Erhebung der 27 Meter hohe Hinrichsberg ist. Ihren Charakter prägt eine Felsenküste im Osten sowie Dünen nebst flachen Stränden an den übrigen Ufern. Die ovale Insel mit 78 Kilometer Küstenlinie gehört zu den sonnenreichsten Gegenden Deutschlands. Neben einer Viertelmillion Gästen – viele davon kommen wegen der exzellenten Surfreviere – rollt ununterbrochen der Transitverkehr: Über Fehmarn verläuft die Vogelfluglinie, die Lkw-Route von Mitteleuropa nach Skandinavien, vom Festland über die 1963 erbaute Fehmarnsundbrücke und weiter von Puttgarden per Fähre über den Fehmarnbelt nach Dänemark und Schweden. 2003 wurden alle Gemeinden zur Stadt Fehmarn vereinigt, der Hauptort der Insel ist Burg.

Die letzte Eiszeit formte die sanfte Hügellandschaft – in den Niederungen befinden sich oftmals sumpfige Auewälder, welche Refugien für seltene Tier- und Pflanzenarten sind (großes Bild). Rechte Bildleiste, im Uhrzeigersinn: In Dörfern nisten Rauchschwalben und Ringeltauben, am Wasser findet man Teichfrösche; in Wald und Feld tummeln sich Hasen und Hirsche. Eine Wiese mit Wiesenkerbel, Sauerampfer und Hahnenfuß am Plöner See, der mit 30 Quadratkilometer Wasserfläche der größte von mehr als 200 Seen der Holsteinischen Schweiz ist (Bilder oben).

Naturpark Holsteinische Schweiz

Stille Wälder, weite Wasserflächen, Wiesen und Hecken voll geheimem Leben – das ist die Holsteinische Schweiz mit mehr als 200 Seen, etwa auf halber Strecke zwischen Lübeck und Kiel gelegen. Ihre höchste Erhebung, der Bungsberg, misst zwar nur 168 Meter, doch es führt sogar ein Schlepplift in Deutschlands »nördlichstes Skigebiet«. Hier beginnt die Schwentine, mit 62 Kilometern der längste Fluss Schleswig-Holsteins, ihre verschlungene Reise von See zu See bis nach Kiel. Sie ist sogar schiffbar – die Fünf-Seen-Fahrt, die von Plön dem Lauf der Schwentine folgt, führt mitten durch die unverbaute Landschaft. 1986 wurde die Region größter Naturpark des Landes und bietet nun Seeadlern und anderen seltenen Tier- und Pflanzenarten besonderen Schutz. Erste Adresse für Besucher ist das Naturpark-Haus, die alte Reithalle vom Schloss Plön.

Das barocke Eutiner Schloss ist als Museum zugänglich – seine dicken Mauern stammen noch aus dem Mittelalter (großes Bild). Auch das Plöner Schloss im Renaissance-Stil geht auf eine slawische Burg zurück (oben). Heute betreibt der Brillenhersteller Fielmann darin eine Optikerschule.

Eutin, Plön

Die alten Kreisstädte Eutin und Plön sind die Zentren der Holsteinischen Schweiz. Eutin mit schöner Altstadt und 17 000 Einwohnern liegt im Osten der Region – die einst slawische Siedlung erhielt bereits 1156 das Marktrecht. Ein Relikt dieser Zeit ist das Stadtschloss am Großen Eutiner See, zuvor eine Burganlage, deren heutige barocke Form 1717 bis 1727 entstand. Im Park, einem englischen Landschaftsgarten, finden seit mehr als 50 Jahren im Sommer die Eutiner Festspiele mit Freilichtaufführungen populärer Opern ein großes Publikum. Auch Plön, dessen Stadtgebiet zu 60 Prozent aus Wasserfläche besteht, schmückt ein herrliches Schloss mit prachtvoll angrenzendem Park. Im Herzen der Seenplatte gelegen, eignet sich die fast 800 Jahre alte Stadt als Ausgangspunkt für Naturpark-Expeditionen per Boot, Fahrrad oder auch zu Fuß.

Strandkörbe stehen an Travemündes breitem Kurstrand in Reih und Glied (großes Bild). Der Timmendorfer Strand ist für viele Norddeutsche seit Langem ein angesagter Badeort (kleines Bild unten). Segelschiffe wiegen sich im abendlich ruhigen Hafenbecken von Neustadt, im Westen der Lübecker Bucht (kleines Bild oben).

Rund um die Lübecker Bucht

Husch, husch ins Körbchen: An kaum einer Küste findet man mehr der schützenden Geflechte als an der Lübecker Bucht. Als Teil der Mecklenburger Bucht öffnet sie sich trichterförmig von Südwesten, wo der Fluss Trave mündet, nach Osten zur See hin. Aufgrund ihrer feinsandigen Strände und sanft abfallenden Ufer gehört sie zu den beliebtesten Baderevieren Deutschlands. Grömitz, Kellenhusen, Sierksdorf, Scharbeutz, Timmendorfer Strand und Travemünde sind bekannte Badeorte, an deren breiten Stränden im Sommer Hochbetrieb herrscht. Da nördlich des 50. Breitengrades der Wind auch mal kühler weht, gehört der Strandkorb zum Ostsee-Badeleben dazu wie der Matjes zum Meer. Letzteren gibt es in den Fischerdörfern an der Lübecker Bucht übrigens auch »fangfrisch« direkt im Hafen, zünftig mit Brötchen und Zwiebel.

Das monumentale Holstentor hat zwei Gesichter: Nach außen eine martialische Wehranlage mit Schießscharten (großes Bild), zeigt es sich stadteinwärts aufgelockert mit vielen Fenstern (kleine Bilder oben). Auf Latein prangt vorne das Motto »Drinnen Eintracht, draußen Friede«.

50 Deutsche Ostseeküste | Holstein

Lübeck: Holstentor

»Concordia Domis Foris Pax« – »Drinnen Eintracht, draußen Friede«, steht seit 1863 auf Latein feierlich als Wahlspruch über dem Portal des Holstentores. Es ist neben dem Burgtor das einzig erhaltene von einst vier prachtvollen Stadttoren. Als Teil einer starken Festung wurde das Holstentor zwischen 1464 und 1478 im spätgotischen Stil erbaut. Seine 3,5 Meter dicken Mauern mit Schießscharten schützten es vor Kanonen. Das Gemäuer ist so schwer, dass der Untergrund bereits kurz nach der Erbauung wegsackte; der Südturm steht seitdem ein wenig schief. Von Kriegen verschont, wäre das Prestigetor 1855 beinahe dem Eisenbahnbau geopfert worden; mit einer Stimme sprach sich die Bürgerschaft damals jedoch für die Erhaltung aus. Heute ist das Holstentor, das Wahrzeichen Lübecks, Denkmal und beherbergt eine Dauerausstellung zur Hansezeit.

Ein Meer von Backstein: Rot ist die vorherrschende Farbe im Labyrinth der historischen Lübecker Altstadt, die seit 1986 zum UNESCO-Weltkulturerbe zählt (großes Bild rechts). Wie vor 500 Jahren dringt tagsüber nur wenig Licht in die engen Kopfsteinpflaster-Gassen. Im Museum für Puppen-Theater wird die Vergangenheit liebevoll bewahrt (großes Bild links). Das Rathaus mit seiner Schmuckfassade war im Mittelalter internationales Machtzentrum, wo eine selbstbewusste Bürgerschaft über Krieg und Frieden entschied (kleines Bild oben).

Lübeck: Historische Altstadt

Eine Zeitreise ins Mittelalter unternehmen Besucher der Lübecker Altstadt. Das Backsteinensemble mit den berühmten »sieben Türmen« wurde 1986 ins UNESCO-Weltkulturerbe aufgenommen. Ein verwinkeltes Gassengewirr verläuft zwischen Holstentor, Burgtor und dem Dombezirk, hinter den Kaufmannshäusern und Speichern führen schmale Gänge durch die lauschigen Hinterhöfe. Neben der prachtvollen Marienkirche gibt es fünf weitere alte Gotteshäuser, das Kunstmuseum St.-Annen-Kloster sowie eines der ältesten Spitäler Nordeuropas zu besichtigen. Von St. Petri, deren Turm als Aussichtsplattform dient, blickt man in ein Meer von Backstein, eingesunkene Dächer, Söller und Erkerchen. Dazwischen ragen die Prunkbauten des Rathauses, der Kirchen und der beiden erhaltenen Stadttore hoch empor – Gesten des bürgerlichen Selbstbewusstseins.

Große Bilder, von links: Das Mittelschiff der Marienkirche ist mit 38,5 Meter Höhe das höchste gemauerte Gewölbe der Welt; zerstörte Glocken mahnen im Inneren. Oben, von links: Die Zwillingstürme von St. Marien beherrschen die Stadtsilhouette, daneben steht die gleich alte Petrikirche.

Lübeck: St. Marien und St. Petri

Das Original steht in Lübeck: St. Marien war Vorbild für mehr als 70 Kirchen im Ostseeraum. Der Grundstein für das hochgotische Gotteshaus aus Backstein war bereits 1250 gelegt worden. Höher, größer, prachtvoller war keine andere Kirche weit und breit. Die selbstbewusste Bürgerschaft wollte sich mit dem Bau gegen das Bistum und seinen Dom – er steht wenige Straßen entfernt – wortwörtlich abheben. Das höchste gemauerte Gewölbe der Welt – 38,5 Meter im Mittelschiff – wurde 1942 im Zweiten Weltkrieg schwer beschädigt. An den verheerenden Bombenangriff erinnern heute die geborstenen Glocken, die beim Brand der Türme herunterfielen, als Mahnmal gegen den Krieg. Vom Aussichtsturm der benachbarten Petrikirche hat man einen einzigartigen Blick auf St. Marien und das gesamte Altstadtpanorama, die Trave und bei gutem Wetter bis zur Ostsee.

Backsteinherrlichkeit im Wasserspiegel: Vor den Fassaden historischer Kaufmannshäuser liegen im Museumshafen am Rand der Lübecker Altstadtinsel auf der Untertrave liebevoll restaurierte Segelschiffe (großes Bild und oben links). Vom Malerwinkel am Mühlenteich bietet sich eines der schönsten Panoramen auf die »sieben Türme«, darunter St. Petri, deren Turm heute als Aussichtsplattform genutzt wird, und die Zwillingstürme der mächtigen Marienkirche dahinter – sie besitzt das größte gemauerte Gewölbe der Welt (oben rechts).

Lübeck: An der Trave

Die »Königin der Hanse« war einst mächtigste Stadt Nordeuropas – sie organisierte die Hansetage, jährliche Treffen des Handelsbundes, und führte Kriege gegen Könige und Piraten. An die große Vergangenheit erinnern heute Museen und viele Backstein-Baudenkmäler. Liubice, zu Deutsch »lieblich«, war zuerst eine slawische Siedlung, die jedoch im 12. Jahrhundert zerstört wurde. Zur Machtsicherung gründete Adolf II. von Schauenburg und Holstein Lübeck 1143 neu auf einem Inselrücken am Zusammenfluss von Wakenitz und Trave. Der Zugang zum Meer im 17 Kilometer entfernten Travemünde machte sie zur ersten deutschen Hafenstadt an der Ostsee – eine Vorlage, die Lübeck nutzen sollte: Bereits 1226 erhielt der Handelsplatz die Reichsfreiheit. Lübische Spezialitäten sind Rotspoon, in Buchenfässern gereifter südfranzösischer Wein, und natürlich das berühmte Marzipan.

Zu Besuch bei den Buddenbrooks: Im Museum gegenüber der Marienkirche ist im Obergeschoss eine Wohnung im Stil der Epoche eingerichtet, in der Thomas Mann seine Lübecker Kindertage verlebt hat. Eine großbürgerliche Wohnung mit Esszimmer, in der natürlich Kronleuchter und Harmonium nicht fehlen, lässt den Besucher eintauchen in die »gute, alte Zeit« (großes Bild und kleines Bild oben). Büste der Brüder Thomas und Heinrich Mann (kleines Bild unten, von links). Das Erdgeschoss beherbergt eine Ausstellung über das Leben der Schriftstellerfamilie.

THOMAS MANN UND DIE BUDDENBROOKS

»Sommerferien an der See! Begriff wohl irgendjemand weit und breit, was für ein Glück das bedeutete?« Wenige Sätze hat Thomas Mann wohl so von der eigenen Seele geschrieben wie diesen, der den Gemütszustand des kleinen Hanno Buddenbrook reflektiert, nachdem »Tags zuvor das Vorzeigen der Zeugnisse wohl oder übel überstanden und die Fahrt in der bepackten Droschke zurückgelegt war!«. Noch mehr als das Seebad Travemünde erzählt die alte Kaufmannsstadt Lübeck Geschichten aus »Buddenbrooks«, für die Mann einst als Nestbeschmutzer angefeindet wurde. Heute ist der Roman ein Glücksfall für die Stadt: Zehntausende besuchen jährlich das Buddenbrookhaus im Schatten der mächtigen Marienkirche und gehen auf literarische Spurensuche zwischen Obertrave und Dom. Viele Charaktere aus dem Roman, der Thomas Mann den Nobelpreis einbrachte, hat der Autor lebenden Personen und authentischen Orten seiner Heimat entlehnt: Das Rathaus mit Laube, in der Senator Buddenbrook ungeduldig das Ende der Wahlen abwartete. Die Villen vor dem Burgtor, wo der betrügerische Grünlich um die Gunst Tony Buddenbrooks warb. Den ehemals Mann'schen Familiensitz in der Mengstraße selbst, der heute die Schriftsteller-Dynastie porträtiert. Und sofort möchte man das dicke Buch zur Hand nehmen und alles nachlesen …

Holstein | **Deutsche Ostseeküste**

Ratzeburg liegt im Naturpark Lauenburgische Seen, wo Schwäne (großes Bild), Eisvögel, Schleiereulen und Stieglitze leben (Bildleiste oben, von links). Rechte Bildleiste: Weithin sichtbar: der Ratzeburger Dom. Seine romanische Basilika (Mitte) birgt einen Barockaltar (unten).

Deutsche Ostseeküste | Holstein

Ratzeburg, Mölln, Naturpark Lauenburgische Seen

Ratzeburg im Dreieck Hamburg-Lübeck-Schwerin ist ein Gesamtkunstwerk, geschaffen von Mensch und Natur in seltener Harmonie: Vier Seen bilden ein Kleeblatt, in dessen Mittelpunkt sich der Hügel der Stadtinsel erhebt, bekrönt vom wuchtigen Dom. Ratzeburg wurde als »Racesburg« erstmals 1062 erwähnt, den Dom ließ Sachsenherzog Heinrich der Löwe ab 1154 errichten; dazu eine Steinfestung, die vielen Belagerungen trotzte. Den Zweiten Weltkrieg überstand die historische Altstadt unbeschadet. Rundherum liegt der Naturpark Lauenburgische Seen mit dem mittelalterlichen Städtchen Mölln inmitten dichter Wälder, hügeliger Moränenlandschaft und viel Wasser. Mölln liegt ebenfalls zwischen Seen und besitzt einen mittelalterlichen Stadtkern. Das Eulenspiegel-Museum erinnert daran, dass der »Narr des Volkes« hier seine letzten Tage verlebte.

Flirt im Rücken der Galionsfigur: Segeltörn auf einem historischen Holzschiff in der Wismarbucht (großes Bild). Mecklenburgs seefahrerische Tradition feiern viele Veranstaltungen entlang der Küste, vor allem aber die Rostocker Hanse Sail. Kleines Bild oben: Typisch für die Rostocker Stadtsilhouette sind die historischen Kaispeicher im alten Stadthafen vor der St.-Petri-Kirche an der Warnow.

MECKLENBURG

Wer den Namen Mecklenburg korrekt nach niederdeutscher Lesart ausspricht, bekommt ein Gefühl für die Menschen: »Meeeklenborch« klingt gemütlich, betulich. Und wirklich ist das Land zwischen Wismarbucht und Darßer Bodden von eigener Art; die Landschaft vielseitig, von Seen gesprenkelt und voller pittoresker alter Städtchen. Dass Mecklenburger auch anders können, zeigt die Werftbranche in Wismar und Rostock: Nach dem Ende der DDR hat man neu begonnen und baut mittlerweile die modernsten Schiffe der Welt.

Lindenallee zum Schloss Bothmer bei Boltenhagen (großes Bild). Oben, von links: Getreidefeld bei Grevesmühlen; Lindenallee im Schlosspark Bothmer; Rapsfeld und Windmühle in Klue bei Boltenhagen. Unten, von links: Schloss Bothmer; Lindenalle im Herbst; Steilküste bei Boltenhagen.

64 **Deutsche Ostseeküste** | Mecklenburg

Klützer Winkel

Dachte Bismarck an Klütz, als er spottete, in Mecklenburg wünsche er beim Weltuntergang zu sein, weil hier alles 100 Jahre später passiere? Noch immer ist die Marienkirche höchster Punkt des 3500-Einwohner-Städtchens. So markiert sie heute wie einst die Grenzen des Klützer Winkels: Dem Volksmund nach endet er nämlich dort, wo die Kirchturmspitze außer Sicht gerät. Die Region zwischen Lübecker und Wismarer Bucht gehört zu den Landschaften, wo während des Kalten Krieges die Zeit stillstand. Kopfsteinpflaster und Reetdächer haben in einer leicht hügeligen Natur, die von der letzten Eiszeit geformt wurde, überdauert. Die einstige Randlage hinter dem Todesstreifen lockt heute Touristen: Die nahe Küste ist vielfach unbebaut, zahlreiche Dörfer haben noch ihren Gutshof. Paradestück ist Schloss Bothmer – mit 11,7 Hektar die größte Barockanlage Mecklenburgs.

Mecklenburg | **Deutsche Ostseeküste**

Biosphäre: Mensch und Natur im Einklang, das ist die Idee der von der UNESCO geschützten Naturreservate. Seit 2000 gehört der Schalsee zu dieser exklusiven Sammlung einzigartiger Landschaften. Fünfeinhalb Prozent der Fläche sind vor Zutritt geschützt, mehr als zwei Drittel dürfen betreten und eingeschränkt genutzt werden; so gibt es auch Fischer wie Hans Drosdatis, der Brassen, Saiblinge und Hechte fängt (große Bilder). Auch das Baden ist an ausgewiesenen Stellen erlaubt (Bild oben). Mit 72 Metern ist der Schaalsee der tiefste See Norddeutschlands.

Schaalsee

Das Reich der Stille liegt etwa 50 Kilometer östlich von Hamburg: Eine weite Wasserfläche breitet sich aus, am Ufer nickt der Schilf, hinter Bruchwäldern und glucksenden Tümpeln liegen uralte Dörfchen, oft mit nur einem Dutzend Häuser. Der Schaalsee ist ein Paradies – und das ist letztendlich der deutschen Teilung zu verdanken: Der 24 Quadratkilometer große See mit seinem umgebenden Ring von Feuchtgebieten und Auen liegt im Grenzgebiet und war einst eingezäunt. 40 Jahre konnte die Natur tun und lassen, was sie wollte. Als die Zonengrenze 1989 Stück für Stück demontiert wurde, enthüllte sie dieses einzigartige Naturrefugium mit Seeadlern, Kranichen, Fischottern und Bibern, seltenen Amphibien und 200 Vogelarten. Im Jahre 2000 hat die 309 Quadratkilometer große Schaalsee-Region als UNESCO-Biosphärenreservat höchsten Schutzstatus erhalten.

Kliffküste: Dramatisch ragt die Abbruchkante bei Timmendorf im Westen der Insel empor. Poel ist in Bewegung, die Ostsee trägt an einem Küstenabschnitt Material ab und lagert es woanders wieder an (großes Bild links). Fischkutter im Hafen von Kirchdorf (rechts). Obwohl die Insel nur 37 Quadratkilometer groß ist, weist sie mit über 90 Teichen und Weihern, Hügeln und Salzwiesen eine große Vielfalt auf. Violett blüht die Phacelia, auch Bienenfreund genannt, weil sie oft für Imker angepflanzt wird (ganz oben). Eine Windmühle grüßt am Damm zum Festland (oben).

Deutsche Ostseeküste | Mecklenburg

Poel

Poel ist Deutschlands jüngstes Ostseebad – seit 2005 darf die Insel diesen Titel führen. Sie liegt in der östlichen Wismarbucht und ist wie Fehmarn und Rügen durch eine Straße mit dem Festland verbunden. In der Form ähnelt Poel einem auf der Spitze stehenden Dreieck. Von Süden zieht sich eine Bucht tief ins Inselinnere – die Kirchsee, an deren Ende der Hauptort Kirchdorf liegt. In der Vergangenheit diente das Gestade aufgrund seiner hervorragenden strategischen Position häufig Großmächten als Aufmarsch- und Kriegsschauplatz, zum Nachteil der Bevölkerung. Wie Wismar gehörte auch Poel bis 1903 zum schwedischen Königreich. Im 17. Jahrhundert erbauten die Skandinavier bei Kirchdorf ein Schloss mit Zitadelle, von dem allerdings nur noch Fragmente existieren. Da ringsum Flachwasser die Insel umgibt, gilt Poel als ideales Familienziel.

Auf dem größten Marktplatz Norddeutschlands steht die »Wasserkunst« im Renaissance-Stil, die ab 1602 die Ziehbrunnen in der Innenstadt ablöste (großes Bild). St. Nikolai mit ihrem 37 Meter hohen Mittelschiff war einst die Kirche der Fischer und Seefahrer (Bild oben).

Wismar

Wismar ist ein Freilichtmuseum aus der Hansezeit: Nicht nur viele Kirchen, Bürgerhäuser und der Marktplatz stammen von damals, auch das Hafenbecken und die »Grube«, ein künstlicher Wasserweg zum Schweriner See, sind seit jener Zeit nahezu unverändert. Damals liefen hier bauchige Koggen ein und aus. Das Wrack solch einer Kogge wurde 1999 vor der Insel Poel gefunden. Ihr nachgebaut ist die 31 Meter lange »Wissemara«, die seit Kurzem im Hafen liegt. Nach der Hanse- kam die Schwedenzeit: 250 Jahre gehörte Wismar politisch zu den Skandinaviern, woran einige Gebäude erinnern, wie etwa das barocke Zeughaus von 1701 oder das »Baumhaus«, das die Hafeneinfahrt sicherte. Die hohen Türme der Stadtkirchen St. Marien und St. Nikolai bezeugen, dass die Stadt, heute Teil des UNESCO-Weltkulturerbes, stets zum Meer hin orientiert war. Sie dienten Seefahrern als Ansteuerungsmarken.

Großes Bild: Die Prunkgiebel der Backsteingotik im Alten Hafen von Lübeck zeugen vom einstigen Reichtum der Hanse. Die historische Altstadt gehört seit 1987 zum Weltkulturerbe der UNESCO. Auch Rostock war Mitglied im Städtebund der Hanse (kleines Bild oben). Mit der Kogge, die bis zu 100 Tonnen Ladung aufnehmen konnte, stand den Handelsmächten ein effizienter »Lastesel« zur Verfügung. Kastelle an beiden Enden schützten vor Piratenangriffen. Unter vollen Segeln erreichte die Kogge bis zu zehn Stundenkilometer (rechte Bildleiste).

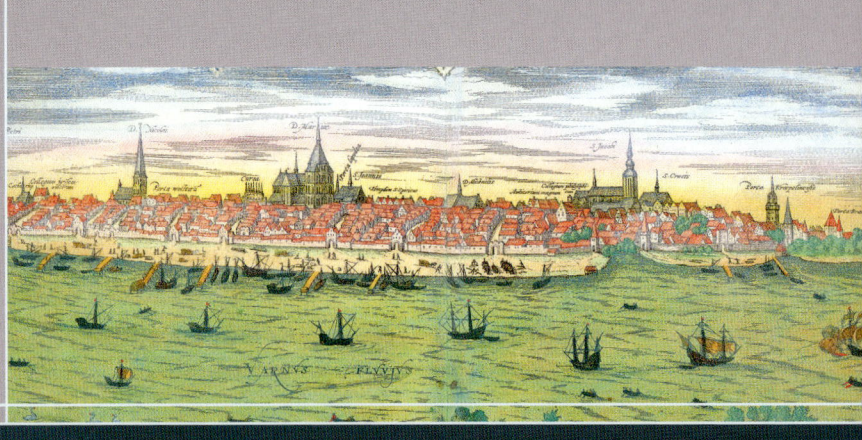

DER STÄDTEBUND DER HANSE

Noch heute verweisen Lübeck, Rostock, Wismar, Stralsund und andere Städte stolz auf ihre einstige Mitgliedschaft in der Hanse. Das lockere Bündnis entstand im Hochmittelalter, als der Fernhandel viele deutsche Kaufmannsgilden im Ostseeraum reich machte. Im Machtvakuum eines schwachen deutschen Kaisertums und zum Schutz gegen Piraten, Feudalherren und Konkurrenten bildete sich eine Schar (althochdeutsch »Hansa«) von 70 Städten unter Führung Lübecks sowie 130 Verbündeten, darunter der deutsche Ritterorden. Auf jährlichen Hansetagen verhandelten Gesandte der Bürgerschaften aktuelle Probleme, von Rechtsfragen bis hin zu Kriegen. In den Kontoren von Nowgorod, Brügge und London wickelte das Kartell Exportgeschäfte ab. Den Höhepunkt der Macht erlebte die Hanse Ende des 15. Jahrhunderts, als ihre Flotten mehrfach den dänischen König besiegten und den gefürchteten Seeräuber Klaus Störtebeker bezwangen. Der florierende Seehandel stand im Zeichen der Kogge, die viele Hansestädte auch im Siegel führten: Ein neuer Schiffstyp, dessen gedrungener Rumpf Seetüchtigkeit garantierte und großen Laderaum ermöglichte – Kanonen und Waffenknechte schützten vor Piraten. Das Ende der Hanse begann mit der Entdeckung Amerikas 1492: Der Handel verlagerte sich nach Westen.

Mecklenburg | Deutsche Ostseeküste

Exponierte Lage: Das Wahrzeichen Schwerins ist weithin sichtbar, über die Schlossbrücke führt ein kurzer Fußweg in die Altstadt (großes Bild). Seit seinem Umbau im 19. Jahrhundert ins opulente Gewand der französischen Loireschlösser gekleidet, thront das Schweriner Stadtschloss auf einer Insel im Schweriner See (kleines Bild unten). Im Sommer finden auf dem Platz vor der malerischen Fassade die Schlossfestspiele mit populären Opern statt. Der herzogliche Marstall (oben) wurde 1837 bis 1842 gebaut, heute ist in der Reithalle ein technisches Museum untergebracht.

Schwerin

Als nach der Wende für das Bundesland Mecklenburg-Vorpommern eine Hauptstadt gesucht wurde, fiel die Wahl auf das kleine Schwerin, obwohl Rostock weit größer ist. Wer die kleinste deutsche Landeshauptstadt besucht, wird es nachvollziehen – Schwerin ist und bleibt eine Residenz. Mit seiner malerischen Lage inmitten von Seen, der größtenteils restaurierten Altstadt und dem Märchenpalast auf der Schlossinsel wirkt es wie eine opulente Filmkulisse. Folgerichtig ist das Schloss mit zierlichen Türmchen und Giebelchen seit 1990 Sitz des Landtages – es wird hier also wieder residiert, wenn auch nicht so glanzvoll wie zu Zeiten der Herzöge von Mecklenburg-Schwerin. Schwerin ist mit dem Staatstheater, der Gemäldegalerie des staatlichen Museums und im Sommer mit den Schlossfestspielen unter freiem Himmel auch ein kulturelles Zentrum.

Unendlich vielfältig sind die Farben von Heiligendamm, dem ältesten Seebad Deutschlands: Fast nie ist die »Weiße Stadt am Meer« einfach nur weiß – im Abendlicht überzieht oft warmes Leuchten die prächtigen Fassaden aus dem 18. Jahrhundert (großes Bild). In der Dämmerung schimmert das denkmalgeschützte Alexandrinen-Cottage bläulich, während warmes Licht golden aus den Fenstern fällt (unten). Ein Fischer hat sein Boot auf den Strand von Kühlungsborn gezogen, davor flattern rote Wimpel von Markierungsbojen für Treibnetze im Wind (oben).

Ostseebäder: Heiligendamm, Kühlungsborn, Nienhagen

Sie sind kaum miteinander vergleichbar; doch jedes der Seebäder Heiligendamm, Kühlungsborn und Nienhagen hat seine Vorzüge. Heiligendamm ist die majestätische Kronprinzessin unter den drei Schwestern, das Fünf-Sterne-Plus-Grand-Hotel im ältesten Seebad Deutschlands setzt Maßstäbe in Sachen Komfort und Lebensstil. Kühlungsborn im Westen ist nicht so fein, dafür aber bunter und lebendiger: Den Endhaltepunkt der dampfbetriebenen Schmalspurbahn »Molli« schmückt eine Vielzahl von zierlichen Palais und Pensionen im Stil der Bäderarchitektur, eines schöner als das andere, in vielen davon Restaurants und Geschäfte. Ganz unauffällig hinter dem »Gespensterwald« aus knorrigen alten Laubbäumen schließlich verbirgt sich im Osten Nienhagen, und diese Abgeschiedenheit ist sein Plus: Nach Nienhagen fährt man, wenn man seine Ruhe haben will.

Mecklenburg | Deutsche Ostseeküste

Das Kempinski Grand Hotel Heiligendamm wurde 2004 zum »schönsten Hotel der Welt« gekürt. Mittelpunkt des historischen Ensembles ist das Kurhaus (oben), rechts daneben Haus Mecklenburg. Rechte Bildleiste, von oben: Am Portal heißt Wagenmeister Günter Seifert die Gäste willkommen. Auf der Karte des Kurhaus-Restaurants steht »das Beste der Region, meisterhaft verfeinert«. Das Spa mit großzügigem Pool, Sauna- und Wellnessbereich gehört zum Feinsten, was Luxus-Hotellerie zu bieten hat. Champagner wird auch schon einmal am Strand kredenzt (großes Bild).

GRAND HOTEL HEILIGENDAMM

»Heic Te Laetitia Invitat Post Balnea Sanum« – »Hier lädt dich Freude ein nach dem gesunden Bad«, so lautet sinngemäß die Inschrift am Kursaal von Heiligendamm. Die »Weiße Stadt am Meer« gleicht einer Perlenkette klassizistischer Villen und Palais, die sich vor altem Buchenwald an einem breiten Strand zwischen Doberan und Kühlungsborn entlangzieht. Alles an ihr ist legendär: Hier probierten erstmals in Deutschland Menschen das »gesunde Bad« im Meer; freilich skeptisch und schamhaft von Badekarren aus, die man eigens dafür in die Ostsee schob. 1793 hatte Samuel Gottlieb Vogel, Leibarzt des mecklenburgischen Herzogs Friedrich Franz I., seinem Landesvater das heilsame Bad im Meer empfohlen – anscheinend nicht zu dessen Schaden, denn der Fürst wurde immerhin 80 Jahre alt. Konnten sich im ersten Jahr nur gut 300 Besucher zum heilsamen Bad durchringen, nahm die Gästezahl bald erheblich zu. 1817 entwarf der Hofbaumeister Karl Theodor Severin das säulengeschmückte Kurhaus, bald folgten weitere Gebäude. Sommerfrische in Heiligendamm war en vogue geworden. Nach der Wende verfiel das einzigartige Ensemble; doch seit 2003 ist das Zentrum von Heiligendamm wieder Ort der Freude – als Kempinski Grand Hotel Heiligendamm, luxuriösestes Resort Deutschlands.

Mecklenburg | Deutsche Ostseeküste

Das Nienhäger Holz liegt direkt an der Steilküste zwischen Heiligendamm und Nienhagen – seit Langem heißt es in der Bevölkerung nur der »Gespensterwald«. Seinen märchenhaften Namen verdankt er dem starken Seewind, der in Jahrhunderten die Buchen unbarmherzig zerzaust und so ihren Wuchs beeinflusst hat, was sie aussehen lässt wie mächtige Waldgeister, die Kobolden gleich ihre langen Arme recken. Bis an die Steilküste, von der sich das Meer immer wieder größere Stücke nimmt, stehen ihre dicken Stämme. Durch den Wald führt der Ostseeküstenradweg.

»GESPENSTERWALD«

Bizarr recken sich die tausend Arme von uralten Buchen in den mecklenburgischen Himmel. Fahles Licht fällt zwischen den dicken Bäumen auf den Boden und überzieht die Stämme schemenhaft mit einem unheimlichen Schein. Der so genannte Gespensterwald zwischen Nienhagen und Heiligendamm trägt seinen Namen zu Recht: Es ist ein Waldstück direkt an der Steilküste, das der starke Seewind im Laufe von Jahrhunderten in ein märchenhaftes Erscheinungsbild verwandelt hat. Besonders in der Dämmerung wird die Wanderung durch den Wald zum Erlebnis: Die Buchen beginnen zu leben und scheinen Armen gleich die Äste zu recken. Aus früheren Jahren sind Spukgeschichten überliefert, die von der armen Bevölkerung gesponnen wurden, wenn sie vom Wildern oder Holzdiebstahl aus dem düsteren Wald zurückgekehrt war. Das Nienhäger Holz, wie der Gespensterwald eigentlich heißt, war immer schon bewaldet. Erstmals erwähnt wurde die Gemarkung 1264, als der Ritter Gerhard von Schnakenburg sie dem Kloster Doberan zum Preis von »360 Mark Denar« verkaufte – erst wenige Jahre zuvor hatte er das Land zum Lehen erhalten. Doch vermutlich vergällte der schlammige Untergrund dem Adligen die Freude am Ackerbau. Noch heute finden sich im Wald zahllose kleine Tümpel, die so genannten Sölle.

Die klaren Strukturen im Innern des Doberaner Münsters erinnern an die strengen Regeln des Reformordens. Bemerkenswert unter der Fülle der Ausstattungsstücke ist u. a. der Hochaltar als ältester Flügelaltar der Kunstgeschichte (großes Bild links). Einzigartige Kunstschätze sind zudem der monumentale Lettner-Kreuzaltar von 1370 (rechtes Bild oben) und das Grabmal Herzog Albrechts III. von Mecklenburg, gestorben 1412, mit seiner Frau Richardis von Schwerin (rechtes Bild unten). Das Münster hat als Klosterkirche nur einen Dachreiter (Bild oben).

Bad Doberan

Wer das alte Doberaner Münster betritt, wähnt sich am Mittelpunkt der Welt: Dank seiner ebenmäßigen Symmetrie und klösterlichen Schlichtheit gehört es zu den schönsten gotischen Backsteinkirchen Norddeutschlands. Es wurde 1368 geweiht, als das Zisterzienserkloster bereits 200 Jahre bestand – Reformation und unzählige Kriege gingen fast spurlos an ihm vorüber. Die umgebende Klosteranlage wird derzeit rekonstruiert.

Der zweite Höhepunkt in der Geschichte Doberans, dessen Name auf das slawische »dobr« (»gut«) zurückgeht, ist die Bestimmung zur Ferienresidenz durch Herzog Friedrich Franz I. von Mecklenburg-Schwerin. Im nahen Heiligendamm badete der Hofstaat seit 1793, in Doberan genoss man sommerliche Zerstreuungen wie Festmähler und Glücksspiel, ab 1822 auch den Nervenkitzel beim Pferderennen im Doberaner Rennverein.

Mecklenburg | **Deutsche Ostseeküste**

Stadt im Wasserspiegel: Von der Warnow aus zeigt sich Rostocks Silhouette als aufregendes Zickzack markanter Speicher und hoher Türme, wie die von St. Petri links und vom Wahrzeichen St. Marien rechts (großes Bild). Die Attraktion der größten Stadtkirche ist ihre astronomische Uhr von 1472, die noch mit dem Originalwerk läuft. Bild oben: Am Neuen Markt steht links das Rathaus mit sieben gotischen Backsteintürmchen, denen später eine barocke Fassade vorgesetzt wurde. Der Platz entstand nach 1218, als Rostock Stadtrecht erhalten hatte.

Rostock

»Soebn Toern, so up dat Rathaus stan« – »Sieben Türme, die auf dem Rathaus stehen«, nennt das Gedicht »Rostocker Kennewohrn« eines von sieben (mal sieben) Wahrzeichen. Die Türmchen an der gotischen Schmuckfassade trägt das mittelalterliche Gebäude noch heute auf dem Dach. Die ursprünglich slawische Siedlung, zwölf Kilometer landeinwärts an der Unterwarnow, ist beispielhaft für den Aufstieg einer deutschen Stadt im Mittelalter: Im 14. Jahrhundert galt Rostock nach Lübeck als mächtigstes Mitglied der Hanse. Zeugnis dieser Größe sind Reste der Mauer mit Kröpeliner, Kuh- und Steintor, die hoch aufragende gotische Marienkirche sowie die Speicher. Im Zweiten Weltkrieg erlitt Mecklenburgs bedeutendste Industriestadt erhebliche Zerstörungen durch Bombardements, doch inzwischen wurden viele Lücken durch neue Bauten ersetzt.

Die Hanse Sail bietet Segelschiffromantik zum Anfassen. Direkt neben den Windjammern findet ein tolles Jahrmarkttreiben statt (großes Bild). Zu einer Tagestour »heuern« viele auf einem der 200 Boote »an«. Die Parade über die Warnow ist zugleich Regatta.

HANSE SAIL

Wo ist backbord, wo steuerbord? Zum Glück bedient ein Seebär das Steuerrad – die Gäste lehnen lieber gemütlich an der Reling und genießen das Rostocker Hafenpanorama, während über ihnen eine seichte Brise die großen weißen Segel vor sich herschiebt. Das schönste an der »Hanse Sail« ist das Mitfahren: Wenn im August ein Wald von Masten auf der Warnow die große Zeit der Windjammer heraufbeschwört, sind zahlreiche Gäste mit an Bord der alten und neuen Segelschiffe – auf denen man »anheuern« und einen Tag auf Bark, Schoner oder Brigg zur Ostsee und zurück schippern kann. Auf rund 200 Schiffen stehen bis zu 30 000 Plätze zur Verfügung. Die »Hanse Sail« ist seit ihrer Erfindung 1991 eine Erfolgsgeschichte: Zum größten Volksfest Mecklenburg-Vorpommerns kommen die Gäste sogar aus Übersee: Jedes Jahr machen Kreuzfahrtschiffe im Seehafen Warnemünde fest, deren Passagiere das maritime Spektakel besuchen – natürlich auch den überdimensionalen Jahrmarkt mit mehr als 450 Ausstellern, Buden und Fahrgeschäften an Land. Alles ist in Sichtweite des Ufers, damit man keinen der stolzen Segler übersieht, die dort festlich beflaggt paradieren – übrigens um die Wette, denn die Windjammer fahren auf der zwei mal sieben Seemeilen langen Strecke auch Regatta.

Dicke Pötte: Vor Warnemünde defilieren täglich die großen Fährschiffe, die Rostock mit Zielen in Skandinavien und dem Baltikum verbinden. Blick vom Deck auf eine ausfahrende Skandinavien-Fähre (großes Foto). Auf den Dünen vor dem historischen Leuchtturm von 1897 blüht im Frühling der Sanddorn (Bild ganz oben). Bildleiste oben, von links: Heute weisen moderne Stahltürme Schiffen den zwölf Kilometer langen Weg in die Warnow nach Rostock. Zur »Hanse Sail« im August drängen sich hier mehr als 200 Segelschiffe, darunter viele historische Holzyachten.

Warnemünde

Bedeutende Kaufmannsstädte wie Lübeck, Wismar und auch Rostock wurden nicht direkt an der Küste gegründet; der Bedarf nach einem Hafen entstand erst im Hochmittelalter mit dem zunehmenden Fernhandel. So erwarb Rostock an der Unterwarnow im Jahre 1323 das Fischerdorf Warnemünde. Bis ins 19. Jahrhundert blieb die Zeit in dem kleinen Ort stehen – erst als der Badetourismus um 1820 aufkam, nahm die Zahl der Sommerfrischler rasant zu. Warnemündes Attraktionen waren und sind auch heute noch der mit 150 Meter breiteste Strand der Ostseeküste und von dort ein einmaliger Blick auf ein- und auslaufende Frachter, Fähren und Yachten. Ganz aus der Nähe zu besichtigen sind Segelboote und Fischkutter am Alten Strom – direkt ans Wasser grenzt die idyllische Dorfstraße »Am Strom« mit Cafés, Restaurants und kleinen Geschäften.

Große Bilder, im Uhrzeigersinn: Blick auf die Kieler Werft bei Nacht; bei Schweißarbeiten; die Rostocker Warnow-Werft; ein Werftarbeiter bei der Montage einer Schiffsschraube. Im Warnemünder Reparaturdock liegt der Kreuzfahrtriese »Ocean Majesty« (kleines Bild oben).

WERFTEN

Der Schiffbau ist ein hart umkämpfter Markt – allein 40 Prozent der weltweiten Jahresproduktion läuft in Südkorea vom Stapel. Doch die Werften an Deutschlands Ostseeküste haben sich darauf eingestellt: Die meisten besetzen profitable Nischen. So ist die HDW Kiel weltweit führend im U-Boot-Bau, während die Flensburger Schifffahrts-Gesellschaft (FSG) hochspezialisierte RoRo-Schiffe fertigt. Auch in Mecklenburg-Vorpommern wird die langjährige maritime Tradition fortgeführt: Fünf große und viele kleine Werften lassen von der Segeljolle bis zum Forschungsschiff alles vom Stapel, was zwischen Wind und Wellen seinen Platz hat. Die Krise nach dem Ende der DDR wurde bewältigt – heute stammt fast ein Drittel aller in Deutschland gebauten Schiffe von dort. Interessante Einblicke in die hochkomplexe Industrie gewährt das Schifffahrtsmuseum Rostock mit seiner Ausstellung zur Schiffbaugeschichte des Landes. Der restaurierte Frachter »Dresden« mitsamt Maschinenraum ist komplett begehbar. Höhepunkte der Dokumentation vom slawischen Einbaum bis hin zur Fertigung von stählernen Frachtschiffen sind eine historische Schiffszimmermannswerkstatt des 18. Jahrhunderts sowie das Modell des ersten deutschen hochseetüchtigen Schraubendampfers aus Eisen – gefertigt natürlich in Mecklenburg.

Die Dörfer Althagen (mit Ostseehafen, großes Bild) und Niehagen wurden 1950 eingemeindet, obwohl sie eigentlich zum Land Mecklenburg gehören. Untere Bildleiste, von links: Vielerorts am Strand führen hölzerne Buhnen weit ins Meer hinaus, sie sollen die Erosion durch Wellen verringern; mit den historischen Zeesenbooten wurde früher auf dem Bodden Hering gefischt; der Duft von frisch geräuchertem Ostseefisch ist in Fischland ein vertrauter Geruch. Kleines Bild oben: Blick vom Fischland auf Ahrenshoop, das schon auf der pommerschen Seite liegt.

Fischland

»Das Fischland ist das schönste Land der Welt«, lässt der Schriftsteller Uwe Johnson seine Protagonistin Gesine Cresspahl in den »Jahrestagen« schwärmen. Doch das »Land« ist klein, beidseitig nagt Wasser daran. Fischland ist eine Nehrung, letztes Anhängsel Mecklenburgs, sozusagen der Wedel vom Stier im Landeswappen. Er streckt ihn bei Ribnitz zwischen Ostsee und Bodden, dem Binnengewässer, nordwärts bis hinauf zum Darßer Ort, doch das ist bereits Vorpommern. Nur etwa fünf Kilometer sind mecklenburgisch; mit den Orten Alt- und Niehagen, Wustrow und Barnstorf. Der Grenzgraben war einst direkte Verbindung zwischen Bodden und Meer – die Hansestädte Wismar, Rostock und Stralsund ließen sie 1395 zuschütten, um den Ribnitzer Konkurrenten den Zugang zu erschweren und Piraten wie Störtebeker den Fluchtweg abzuschneiden. So wurde aus der Insel Festland.

Mecklenburg | **Deutsche Ostseeküste**

Wie aus der Vorzeit wirkt der wilde Weststrand am Darß (großes Bild) mit zerklüfteter Abbruchkante und dem urigen Darßwald. Dahinter liegt Prerow, dessen Bewohner noch bis ins letzte Jahrhundert ausschließlich vom Fischfang lebten. Zeugnis dieser tiefen Verbundenheit mit dem Meer ist die 1728 geweihte Seemannskirche in Prerow mit Kapitänsgräbern und den Verzierungen am Taufbecken (oben).

VORPOMMERN

Vorpommerns Küste ist Boddenküste – starke Strömungen lagerten hier in Jahrtausenden Sand ab, der Meeresbuchten von der Ostsee trennte. In den seichten Lagunen, den Bodden, herrschen einzigartige Lebensbedingungen für Tiere und Pflanzen. Auf den sandigen Nehrungen wächst heute Kiefernwald. Schon immer hat diese Küste Künstler fasziniert – hier »erfand« Caspar David Friedrich die Romantik, in Ahrenshoop entstand eine berühmte Malerkolonie, und auch heute inspiriert das einzigartige Licht viele zu kreativen Schöpfungen.

Wachsende Wildnis: Vom Darßer Weststrand (großes Bild) schwemmt die Ostsee ständig große Sandmengen fort und lagert sie jenseits des Leuchtturms Darßer Ort (oben) wieder ab, so dass das Land allmählich nach Norden wächst. Ursprünglich waren Darß und Zingst Inseln – heute gehört die einzigartige Küstenlandschaft mit ihren Salzwiesen und Schilfgürteln sowie der von uralten Buchen bestandene Darßwald zum Nationalpark Vorpommersche Boddenlandschaft. Unten: Typisch für Darß sind die schilfumrahmten Boddenzungen.

Darß

Land und See in Bewegung: Noch vor 600 Jahren war der Darß eine Inselwildnis, die Piraten wie Klaus Störtebeker als Schlupfwinkel und Hinterhalt diente. Nach und nach versandete das Labyrinth der kleinen und großen Kanäle, doch die Ursprünglichkeit hat sich bis heute erhalten: Insbesondere der dreieckige Darß mit seinem riesigen Urwald ist ein einzigartiges Naturparadies. So wie am Weststrand mag die gesamte Ostseeküste vor 1000 Jahren ausgesehen haben: Einer der letzten Naturstrände Deutschlands zieht sich 13 Kilometer von Ahrenshoop zum Leuchtturm Darßer Ort im Norden und von dort westwärts bis nach Prerow – eine wilde Schönheit aus breitem Sandsaum, überwucherter Abbruchkante und umgestürzten Baumriesen. Dahinter liegt der Darßwald, einst Heimat der letzten Wisente und schon zur Schwedenzeit ein Jagdrevier.

Ein Graukranich im Kornfeld (großes Bild). Kraniche fliegen bis zu 100 Stundenkilometer schnell (oben). Untere Bildleiste, von links: Viele Kraniche ziehen nicht weiter, sondern brüten direkt in den Erlenbrüchen, das Graukranichpaar brütet gemeinsam; 17 Tage alte Kranichküken.

98 Deutsche Ostseeküste | Vorpommern

NATIONALPARK VORPOMMERSCHE BODDENLANDSCHAFT

Königreich des Kranichs: Der majestätische Vogel gilt seit Urzeiten als Sendbote des Himmels. In Mecklenburg-Vorpommern kündet er im März vom baldigen Frühling. Jedes Jahr pausieren dann bis zu 60 000 der stolzen Tiere auf der Durchreise im Nationalpark Vorpommersche Boddenlandschaft. Kurz nach der Wiedervereinigung wurde das Schutzgebiet zwischen Darßwald und der zu Rügen gehörenden Halbinsel Bug gegründet. Ein Großteil davon bedeckt Wasser, das jedoch zumeist nur knietief ist. Das niederdeutsche Wort »Bodden« bezeichnet derart flache Küstengewässer, die für viele Tierarten einzigartige Lebensbedingungen bieten. Vor allem Kraniche benötigen die Flachwasserzonen, um darin auf ihrem Zug ins Winter- bzw. Sommerquartier Pause zu machen, denn hier sind sie vor Füchsen und anderen Räubern sicher und finden reiche Nahrung. Besonders frühmorgens kann man dann ihre berühmten Balztänze beobachten, und weithin ist ihr vielstimmiges Trompeten zu hören. Der Kranich hat sich inzwischen für die Region zum »Wappentier« entwickelt, das sogar den Tourismus beflügelt: Extra zur Rückreise der Kraniche nach Südeuropa wurde die Saison bis November verlängert, viele Menschen verbringen dann ein paar Tage in der herbstlichen Boddenlandschaft und beobachten die großen Vögel.

Überall an der Küste stehen Reetdachhäuser, und viele Darßer Haustüren tragen Zeichen, die Böses fernhalten sollen, wie Lebensbaum, Kreuz und Sonne. Große Bilder im Uhrzeigersinn, von oben rechts: das Schulmuseum Middelhagen in Mönchgut auf Rügen; Garten in Ahrenshoop; bunte Haustür in Prerow; die Galerie Blaue Scheune auf Hiddensee; Haus in der Störtebeckerstraße auf dem Darß und Haus in Wustrow. Kleines Bild oben: die Kunstscheune in Barnstorf/Darß.

BUNTE HÄUSER, BUNTE GÄRTEN

Ein Fremder kreierte einst die Darßer Türenmode: Wie in Ahrenshoop, hatten sich zu Beginn der 20. Jahrhunderts auch anderswo auf dem Darß Künstler eingefunden, die von den wechselnden Farben an Ostsee- und Boddenküste begeistert waren. Der Maler Theodor Schultze-Jasmer bezog 1921 ein altes Fischerhaus in Prerow, das er zum Atelier umbaute. Als 1931 ein neues Gemeindehaus gebaut wurde, bat der Prerower Bürgermeister den Künstler, die Gestaltung zu übernehmen. Schultze-Jasmer nahm den Auftrag an und malte das hölzerne Eingangsportal quietschbunt. Der farbenfrohe Schmuck kam gut an, und die Mode breitete sich über den gesamten Darß aus. Ornamente in den Türen hatte es bereits zu slawischen Zeiten gegeben, sie dienten zum Schutz des Hauses vor Bösem und Naturgewalten: Traditionelle Motive sind die aufgehende Sonne gegen Dunkelheit, der Lebensbaum gegen den Tod und das Kreuz gegen Dämonen. Später kamen reine Schmuckbilder wie Möwen, Blumen oder Leuchttürme dazu. Zusammen mit den blumengeschmückten Vorgärten begeistern die leuchtenden Portale jeden Sommer viele Gäste. Seit 1990 hat der alte Brauch eine Renaissance erfahren – die meisten Türen sind in Prerow, Wustrow und Zingst zu sehen. Einige historische Exemplare hat das Darß-Museum in Prerow ausgestellt.

Vorpommern | Deutsche Ostseeküste

Gebrannte Größe: Der Schaugiebel des Stralsunder Rathauses (großes Bild und kleines Bild oben) wurde von Reparationen bezahlt, als die Bürgerschaft im Krieg der Hanse gegen Dänemark den entscheidenden Sieg errang. Rechte Bildleiste, von oben: Häusermeer mit Altem Markt (vorne), Nikolaikirche (hinten) sowie der Ferieninsel Rügen im Hintergrund; Yachthafen vor der Stralsunder Altstadt; Marktplatz mit dem Wulflamhaus aus Backstein, das über 650 Jahre alt ist.

Stralsund

Millionen von rechteckigen Ziegeln prägen das markante Antlitz Stralsunds – eines der schönsten Ensembles norddeutscher Backsteingotik. Die Stadt am Strelasund zählt zum UNESCO-Weltkulturerbe – sie liegt zwischen Ostsee und Greifswalder Bodden gegenüber von Rügen. Seit 1936 gibt es mit dem Rügendamm eine wetterfeste Verbindung zur beliebtesten deutschen Ferieninsel. Der Damm führt über die Insel Dänholm, einst Strela genannt und Namensgeber der 1234 gegründeten Stadt. Zu Hansezeiten wurde Stralsund eine der mächtigsten Städte im Ostseeraum; aus dieser Zeit stammen prächtige Bauten wie die Nikolaikirche und das Rathaus mit dem aufwändigen Schaugiebel. Im Dreißigjährigen Krieg konnte sich Stralsund gegen den Feldherrn Wallenstein verteidigen und mit Schweden verbünden – Zeugnis dieser Ära ist z. B. das barocke Commandantenhus.

Vorpommern | Deutsche Ostseeküste

Große Bilder, im Uhrzeigersinn: einsamer Strand in Vitte; Gewitterstimmung an der Ostseeküste; Fischerhütte mit Boddenblick bei Vitte; abendliche Dünenlandschaft am Dornbusch. Kleines Bild oben: Hiddensees alte Inselkirche mit Votivschiffen im Dorf Kloster.

104 **Deutsche Ostseeküste** | Vorpommern

Hiddensee

»Dat söte Länneken« wird die Insel liebevoll auf Plattdeutsch genannt, und ein süßes Ländchen ist sie wortwörtlich: Hiddensee mit den vier Orten Grieben, Kloster, Neuendorf und Vitte ist eine eigene Welt; ohne Autos, Kurhaus und Seebrücke. Knapp 1100 Bewohner leben in dieser selbst auferlegten Abgeschiedenheit. Doch auch viele Auswärtige finden Gefallen daran und besuchen die Insel, um Ruhe zu finden, wie einst Gerhard Hauptmann: Er kaufte 1930 in Kloster das »Haus Seedorn« und genoss bis 1943 jedes Jahr die Sommerfrische. Dort erinnert eine Gedenkstätte an den Nobelpreisträger. Auf dem flachen Eiland im Nationalpark Vorpommersche Boddenlandschaft westlich von Rügen gibt es kaum Wald, dafür Salzwiesen, Schilfgürtel und Heideflächen – dort wächst auch der Sanddorn, Grundlage für typische Hiddenseer Spezialitäten wie Marmelade, Saft und Likör.

Vom See- zum Wahrzeichen: Der 1888 erbaute Leuchtturm »Dornbusch« auf der Insel Hiddensee (großes Bild). Obere Bildleiste, von links: Die »Zwillinge« vor Warnemündes Hafen; der »Darßer Ort« wurde 1848 erbaut; seit 1907 steht der Leuchtturm »Gellen« auf Hiddensee.

LEUCHTTÜRME

Sie sind die Sympathieträger der Küsten: Stocksteif und unerschütterlich trotzen sie Wind und Wellen, auf der Spitze ein Leuchtfeuer, das Schiffen durch die Finsternis den Weg weist. Jede Epoche hat sich in den Leuchttürmen verewigt: Eines der berühmtesten Exemplare an der deutschen Ostseeküste ist der viereckige Schinkelturm am Kap Arkona auf Rügen, den sein Schöpfer Karl Friedrich Schinkel in purem Klassizismus gestaltet hat (siehe Seite 110). Die »Zwillinge«, Richtfeuer an der Warnemünder Hafeneinfahrt, sehen entsprechend ihrem Baujahr 1998 sachlich-funktional aus. Zwischen beiden Extremen gibt es verschiedenste Ausführungen, mehr als 35 Türme auf Inseln, Kliffs und Sandbänken verleihen den jeweiligen Landschaften ihren ganz eigenen Charakter. Sie kennzeichnen Hafeneinfahrten, signalisieren Untiefen und markieren sicheres Fahrwasser. Die letzten Leuchtturmwärter kletterten in den 70er-Jahren herab, doch die Türme blieben – als denkmalgeschützte Unikate erfüllen heute viele die Doppelfunktion eines Identifikationsmerkmales zur See- wie auch zur Landseite. Ihre navigatorische Bedeutung indes geht zurück, denn dank der Satelliten-Navigation GPS kann sich jeder Jollensegler wie im Schlaf über noch so dunkle See bewegen, ohne die Orientierung zu verlieren.

Vielfalt auf 976 Quadratkilometern: Die größte deutsche Insel bietet neben ihren prominenten und quirligen Touristenzentren, wie etwa den Ostseebädern Binz, Sellin und Baabe mit seinem breiten Sandstrand (großes Bild), zahlreiche versteckte Orte und Plätze, an denen Romantiker unter sich sein können, z. B. am Bootshafen von Gager auf der hügeligen Halbinsel Thiessow, im Südosten der Insel (Bild oben).

RÜGEN

Rügen ist keine Insel, sondern ein Lebensgefühl. Das Synonym für Sommerfrische, Seebad und Landidylle ist zehn Mal größer als Sylt und misst 574 Kilometer Küstenlinie – 140 Kilometer mehr als Schleswig-Holstein. Auf 74 000 Einwohner kommen 60 000 Gästebetten – eine klares Zeichen für den Wirtschaftsfaktor Nummer eins: Tourismus. Zwischen Kreidefelsen, Boddengewässern und Fischerdörfern finden Besucher einzigartige Naturreservate ebenso wie illustre Kuranlagen, historische Altstädte oder wildromantische Strände.

Alte Kameraden: Der viereckige Schinkelturm wies Schiffen von 1828 bis 1905 den Weg, sein schlanker Nachfolger ist bis heute in Betrieb (großes Bild). Linke Bildleiste, von oben: glatt geschliffene Kiesel vor der Steilküste in Nordrügen; neben der 700 Jahre alten Kirche von Altenkirchen südlich von Putgarten steht ihr hölzerner Glockenturm; Baumstümpfe bei Kap Arkona im Nationalpark Vorpommersche Boddenlandschaft, wo die Natur sich selbst überlassen bleibt. Schwarze Pappelsilhouetten vor Sonnenuntergang beim Dorf Putgarten am Kap Arkona (oben).

110 **Deutsche Ostseeküste** | Rügen

Kap Arkona

Weit in die Ostsee reckt sich Kap Arkona, eine der sonnenreichsten Ecken Deutschlands. Die exponierte Lage an der äußersten Nordspitze Rügens ist vor allem für die Seefahrt bedeutsam: Bei unsichtiger Wetterlage, Sturm oder Fehlnavigation laufen Schiffe auf West- oder Ostkurs hier Gefahr zu stranden. Kein Zufall, dass auf Kap Arkona der älteste Leuchtturm der Ostseeküste steht: der 1826 erbaute 21 Meter hohe Schinkelturm war bis 1905 in Betrieb. Den markanten Ziegelbau mit viereckigem Grundriss hat der berühmte preußische Baumeister Karl Friedrich Schinkel entworfen. Direkt neben dem klassizistischen Oldtimer ragt der noch heute betriebene Nachfolger auf, mit über 100 Jahren auch nicht mehr der Jüngste. Noch älter ist unweit der beiden Leuchttürme die namensgebende slawische Tempelburg »Arkona«, von der ein etwa 1400 Jahre alter Ringwall erhalten ist.

Millionen von Menschen sehen sich jedes Jahr die zehn Kilometer lange Kreideküste an, deren höchster Gipfel der 119 Meter hohe Königsstuhl in der Stubbenkammer ist (großes Bild links). Entwurzelte Bäume an der Steilküste (großes Bild rechts). Oben: Die Wissower Klinken vor 2005, als die Kreidevorsprünge über Nacht auf den Strand gestürzt sind. Seitdem sind sie so stark geschrumpft, dass sie kaum noch an das Postkartenmotiv erinnern. Meer, Wind, Niederschlag und Temperaturgefälle nagen an dem porösen Material, so dass Erosion die Gestalt beständig verändert.

Nationalpark Jasmund: Kreidefelsen

Rügen besteht eigentlich aus fünf Inseln, die im Laufe der Zeit zusammenwuchsen – Jasmund ist die ursprünglichste, abgeschieden zwischen Meer und Bodden und nur über zwei Nehrungen erreichbar. In der bewaldeten Nordhälfte entstand 1990 der Nationalpark Jasmund, mit 30 Quadratkilometern der kleinste Deutschlands. Sein Kernbereich ist die Kreideküste mit den optischen und geologischen Höhepunkten Königsstuhl und Wissower Klinken in der »Stubbenkammer«. Die 80 Millionen Jahre alten Relikte aus der Kreidezeit sind weltberühmt, seitdem der Maler Caspar David Friedrich 1818 die »Kreidefelsen auf Rügen« schuf. Übrigens zeigt das Gemälde einen fiktiven Ort: Friedrich fertigte auf einer Reise Skizzen an, die ihn zu der Fantasiedarstellung inspirierten – getreu seinem Motto: »Schließe dein leibliches Auge, damit du mit dem geistigen Auge zuerst siehest dein Bild.«

Urige Umgebung: Direkt bis an die weißen Kreideklippen wuchert der dichte Buchen- und Erlenwald, in den der Mensch seit gut 1700 Jahren nicht mehr wesentlich eingegriffen hat (großes Bild). Überall in dem intakten Ökosystem auf der Halbinsel Jasmund befinden sich kleine Quellen und Tümpel (oben), in denen u. a. auch der seltene Laubfrosch (kleines Bild unten) heimisch ist. An ihren Rändern blühen bedrohte Pflanzenarten wie das Fuchsknabenkraut, der Nestwurz, der gemeine Natternkopf und der hohle Lerchensporn (untere Bildleiste, von links).

Nationalpark Jasmund: Flora und Fauna

Rügens Kreidefelsen geben bedeutende geologische Aufschlüsse – durch ihre Spalten und Schründe vermag man 70 Millionen Jahre zurückzublicken, als die Kreide von den zurückweichenden Gletschern der Eiszeit hinterlassen wurde. Durch Erosion ist die Steilküste ständig in Bewegung und gibt teils sogar Fossilien frei. Auf ihr wächst einer der ursprünglichsten Wälder unserer Heimat. Auch Quellen, Bäche, kleine Seen und mehr als 100 Moore bieten zahlreichen seltenen Tier- und Pflanzenarten Platz. Die Gesamtheit all dieser Ökosysteme steht seit 1990 unter Nationalpark-Schutz. Der Mensch wird dabei nicht ausgesperrt: Wanderwege führen durch den Park zur Kreideküste. Durch den wuchernden Urwald aus Rotbuchen, Erlen und Eschen führen unzählige Bäche, die im Frühjahr als Wasserfälle von den Kliffen sprudeln. In kleinen Tümpeln, den Söllen, quaken im Sommer die Frösche.

»Nu' hör mi man tau!« Helmut Wünscher, Ostseefischer und Rügener Original, hat was zu sagen in seinem Heimathafen Sassnitz in der Prorer Wiek (Bucht). Von hier aus fahren Rügens Fischkutter (kleines Bild oben) täglich auf Fangfahrt, um Dorsch, Hering oder Flunder nach Hause zu bringen. Rechte Bildleiste, von oben: Bis zu 25 Tonnen Fisch kann jeder dieser mittelgroßen Kutter täglich aus dem Meer holen. Immer dabei: freche Möwen, die nach den Fischabfällen geiern. Der Fang wird direkt im Hafen ausgeladen und teilweise direkt ab Bord verkauft.

Sassnitz

»Das ist ja Capri, das ist ja Sorrent«, schwärmt Effi Briest im gleichnamigen Roman von Theodor Fontane während einer Mondscheinwanderung angesichts der Sassnitzer Bucht. Der alte Fischerhafen, die Steilküste und das Dorf auf dem Hochufer gruppieren sich zum romantischen Bühnenbild, vor dem täglich das Schauspiel der ein- und ausfahrenden Kutter abläuft. Viele Besucher kaufen den Fisch direkt vom Schiff, wo kernige Seebären in Ölzeug schwere Plastikkisten mit Dorsch, Hering und Flunder zum Kühlhaus an Land wuchten – oder gleich zur Fabrik nebenan, wo das Brot des Meeres verarbeitet wird. Als östlichster deutscher Tiefwasserhafen dient Sassnitz auch als Anlegestelle für Auto- und Bahnfähren nach Skandinavien, Russland und ins Baltikum. Ausflugsboote bieten kürzere Törns an, die Besucher zur Kreideküste, zum Kap Arkona oder nach Binz transportieren.

Rügen | Deutsche Ostseeküste

Von der eleganten Strandpromenade, an der viele üppig verzierte Palais im Stilmix der Bäderarchitektur stehen, haben Gäste einen freien Blick auf die Ostsee und die Binzer Seebrücke, an der auch heute noch Ausflugsdampfer anlegen (großes Bild). In kaum einem anderen deutschen Seebad sind so viele Villen und Hotels aus der Gründerzeit erhalten geblieben wie hier, wo um die Jahrhundertwende touristische Neubauten für Sommerfrischler wie Pilze aus dem Boden schossen. Viele sind heute restauriert und wieder dem Fremdenverkehr gewidmet (Bild oben).

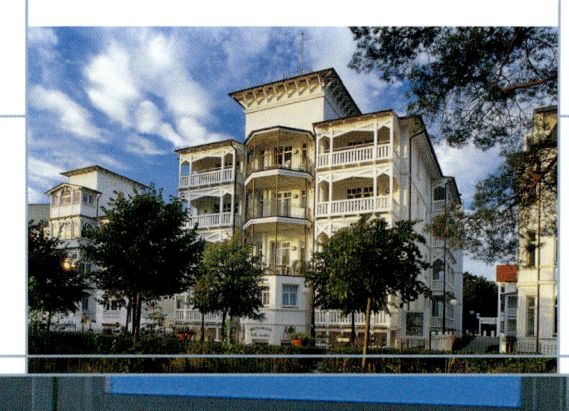

Ostseebad Binz

Gegen 1830 wagten die Badegäste des Fürsten von Putbus unter den argwöhnischen Augen der Fischer vorsichtig ein paar Schritte in die Ostsee. Um die Jahrhundertwende erlebte das einst winzige Fischerdorf, im Jahre 1318 als »Byntze« erstmals erwähnt, dann einen gewaltigen Aufschwung: Investoren erwarben Grundstücke, bauten in Rekordzeit Hotels, das 2001 wiedereröffnete Kurhaus, die 370 Meter lange Seebrücke und das »Warmbad«. Heute zählt Binz rund zwei Millionen Übernachtungen pro Jahr. Während südlich von Binz die romantische Halbinsel Mönchgut liegt, ist die Prorer Wiek nordwestlich Schauplatz beeindruckender Gigantomanie aus der Zeit des Nationalsozialismus: Dort entstand 1936 das Seebad Prora als riesiges, langgestrecktes Ferienheim der KdF (Kraft durch Freude), einer Organisation der Nationalsozialisten, im einschlägigen Baustil der 30er-Jahre.

Bäderarchitektur in Heiligendamm (großes Bild). Oben, von links: Strandpromenade Binz; Hotel Dünenhaus in Binz; Schmuckstück von Sellin ist die Wilhelmstraße. Rechte Bildleiste, von oben: Ahlbeck auf Usedom; Villa Iduna in Binz; weiße Villen in Binz.

120 **Deutsche Ostseeküste** | Rügen

BÄDERARCHITEKTUR

Paläste für die Gäste: Weiß ist die Farbe der Ostseebäder in Mecklenburg, auf Usedom und Rügen: Weiß leuchten zierliche Säulen, filigrane hölzerne Loggien mit gedrechselten Geländern, Giebeln und Türmchen – die Bäderarchitektur aus der Kaiserzeit treibt in Binz auf Rügen und in den Kaiserbädern Ahlbeck, Bansin und Heringsdorf ihre schönsten Blüten. Doch auch in vielen anderen Seebädern sind ganze Straßenzüge erhalten. In der DDR verfielen die zumeist hölzernen Häuser, inzwischen wurden aber viele sorgfältig saniert. Die Bäderarchitektur stellt keinen einheitlichen Stil dar, sondern ein verspieltes Vielerlei. Als Ferien an der Ostsee gegen Ende des 19. Jahrhunderts in Mode kamen, gab es den ersten »Bauboom« an der Küste. Damals überboten reiche Bauherren einander mit antiken, barocken und klassizistischen Details ihrer neuen Logierhäuser für die ersten Touristen. Die eiligst fertig gestellten weißen Villen boten begüterten Bürgern, vor allem aus der Hauptstadt Berlin, Quartier. In dem pittoresken Potpourri verschiedener Baustile sind Elemente der Gotik ebenso enthalten wie des Barock oder Jugendstil, von klassizistischen Akzenten wie Dreiecksgiebeln, Säulen mit Kapitellen, Gesimsen und aufwändigen Friesen dominiert. Darum herum wurden hübsche, kleine Parks angelegt.

Rügen | Deutsche Ostseeküste

Der 107 Meter hohe Tempelberg ist die höchste Erhebung der Granitz. Hier, etwa 3,5 Kilometer von Binz entfernt, ließ Fürst Wilhelm Malte I. zu Putbus 1836 bis 1846 das repräsentative Jagdschloss mit vier Ecktürmen bauen (oben). Den 38 Meter hohen Mittelturm entwarf Karl Friedrich Schinkel 1844. Eine kunstvolle schmiedeeiserne Treppe zieht sich an der Mauer des hohlen Gemäuers entlang bis zur 145 Meter hohen Aussichtsplattform (großes Bild links). Speisesaal mit historischen Möbeln im Schlossmuseum (Mitte). Statue in einem der vier Ecktürme (rechts).

Schloss Granitz

Es ist das Neuschwanstein Rügens: Das Jagdschloss Granitz, ein versteinerter Traum von Arkadien, gehört wie die unweit vorbeischnaufende Schmalspurbahn »Rasender Roland« zu den Wahrzeichen der Insel. Seine 145 Meter hohe, zinnenbekrönte Turmspitze ist weithin zu sehen – umgekehrt lässt sich vom höchsten Punkt der Granitz bis nach Stralsund schauen. Rügen verdankt den 1836 bis 1846 errichteten Jagdsitz – wie viele andere klassizistische Repräsentativbauten, von denen noch einige existieren – dem Fürsten Wilhelm Malte I. zu Putbus. Mit der Planung betraute er den Baumeister J. G. Steinmeyer, den Hauptturm entwarf später Karl Friedrich Schinkel. Norditalienische Renaissance-Kastelle standen der imposanten Fassade auf dem Tempelberg Vorbild. Heute befindet sich darin ein Jagdsport-Museum. Zudem werden häufig Konzerte aufgeführt.

Rügen | Deutsche Ostseeküste

Sand, Himmel und Meer: Die Ostseebäder Sellin und Baabe sind Synonyme für unbeschwerte Sommerfrische – nachdem die Selliner Seebrücke 1941 durch Eisgang zerstört wurde, ist sie erst 1998 in Anlehnung an das Jugendstil-Original in altem Glanz wieder aufgebaut worden. Von der 30 Meter hohen Steilküste, auf der Sellin liegt, hat man einen schönen Ausblick über den Badestrand und das Wahrzeichen des Ortes (großes Bild). An Baabes breitem, feinsandigem Strand liegen noch heute hölzerne Boote der Fischereigenossenschaft (kleines Bild oben).

Ostseebäder Sellin und Baabe

Abseits der Hektik des »großen« Seebades Binz mit seinen 5500 Einwohnern liegen die kleineren Schwestern Sellin und Baabe – wie Perlen an der Schnur ziehen sie sich am feinsandigen Oststrand Rügens entlang in Richtung der Halbinsel Mönchgut. Der Ort Sellin, in dem die reizvolle Bäderarchitektur noch gut erhalten ist, liegt direkt am Hochufer. Von der 30 Meter hohen Steilküste führt ein Aufzug hinunter auf die Jugendstil-Seebrücke, das erst vor Kurzem wieder auferstandene Wahrzeichen des idyllischen Seebades. Das Schmuckstück Baabes nebenan, mit knapp 900 Einwohnern das kleinste Bad, ist eine breite Lindenallee, die vom Bahnhof schnurgerade auf den breiten Strand zuführt. Die mit Dampfloks betriebene Schmalspurbahn »Rasender Roland« verbindet die Seebäder mit anderen touristischen Zielen wie Putbus und Schloss Granitz.

Boddenromantik: Im geschützten Schilfgürtel versteckt, liegen kleine Häfen, von denen aus noch heute die Boddenfischer zu ihren Stellnetzen fahren (großes Bild und kleine Bilder unten). Die Bodden, vom Meer durch Halbinseln und Nehrungen getrennt, sind als flache Gewässer mit einzigartigen Lebensbedingungen oftmals Rückzugsgebiet seltener Tier- und Pflanzenarten. Viele alte Häuser auf der Halbinsel Mönchgut im Südosten Rügens, über die sich das Biosphärenreservat erstreckt, sind noch im traditionellen Stil mit einem Reetdach erbaut (oben).

Biosphärenreservat Südost-Rügen

Die Halbinsel Mönchgut mit ihrer verschlungenen Küste, ihren Bodden und Hügeln ist als Abbild der gesamten Wasserlandschaft von Mecklenburg-Vorpommern besonders geschützt; 1990 wurde hier ein Biosphärenreservat eingerichtet. Schmale Nehrungen verbinden Halbinseln zwischen flachen Boddengewässern, schroffe Steilküsten wechseln ab mit langen, flachen Sandstränden. Direkt hinter Binz beginnt das Schutzgebiet, zu dem die Orte Sellin, Baabe, Göhren und Putbus gehören. Auch die Zickerschen Berge, die ganze 66 Meter hoch in den Himmel ragen, gehören dazu – mit dem romantischen Kliff am Zickerschen Höft reicht die Formation bis in den Greifswalder Bodden hinein. Trotz der strengen Reservats-Richtlinien gilt, dass Mensch und Natur in Koexistenz leben sollen; auch Tourismus ist als ressourcenschonender Wirtschaftszweig ausdrücklich erwünscht.

Wasserwelt: ein Fischerboot bei Zempin am Achterwasser, einer großen Bucht des Peenestroms. Sein Gemisch aus Süß- und Salzwasser bietet Lebensraum für besondere Tier- und Pflanzenarten; seit 1999 steht die Region als Naturpark unter Schutz (großes Bild). An der Ostseeküste Usedoms liegt das legendäre Seebad Ahlbeck mit seiner über 100-jährigen Seebrücke (kleines Bild oben).

ÖSTLICHES VORPOMMERN

Ganz im Osten, zwischen Greifswald und Stettiner Haff, ändert sich die Küste: Die Wälder reichen noch näher ans Ufer heran, die Dörfer werden kleiner, die Menschen stiller – Pommern gibt dem Besucher bereits eine Ahnung vom weiten Kontinent, der im Osten hinter dem Horizont liegt – »Po Morje«, am Meer, ist der ursprünglich slawische Name. An dieses Meer schmiegt sich eine vielfältige Küste mit dem Greifswalder Bodden, der Insel Usedom, den eleganten Kaiserbädern und den grünen Oasen an Peenestrom und Achterwasser.

Kloster Eldena, 1193 erbaut, mit den für die Zisterzienserarchitektur charakteristischen Spitzbogenfenstern (großes Bild). Linke Bildleiste, von oben: Die hölzerne Klappbrücke von Greifswald-Wieck wurde 1886 nach holländischem Vorbild gebaut und ist noch heute voll funktionsfähig; im Alten Museumshafen von Greifswald liegen zahlreiche historische Fischerboote vor dem Fangenturm mit Speichern; neue Marina Wieck mit Segelyacht. Kleines Bild oben: Blick auf Greifswald.

130 Deutsche Ostseeküste | Östliches Vorpommern

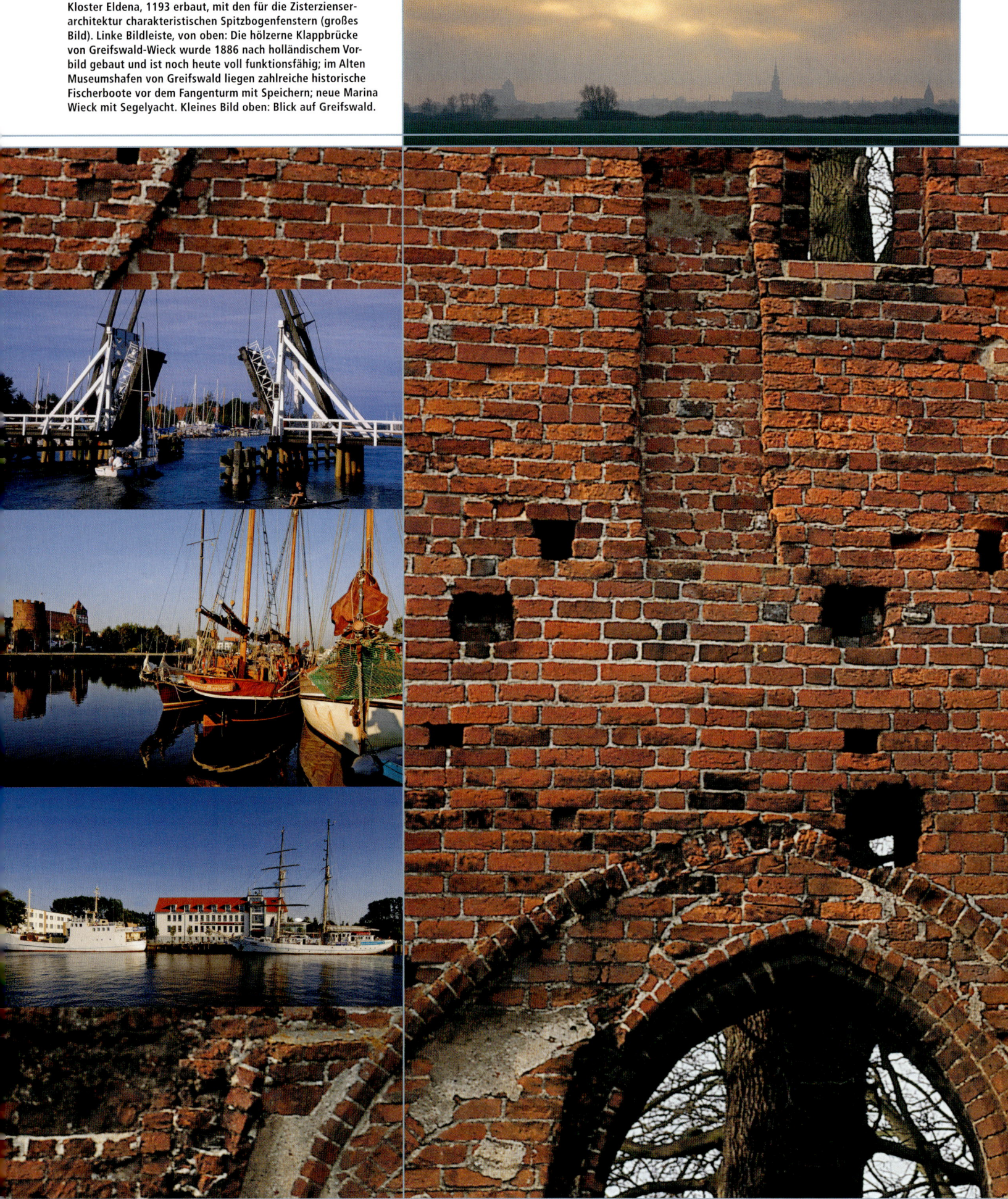

Greifswald, Eldena

Der Sehnsucht nach der Pracht vergangener Zeiten ist es zu verdanken, dass viele Bauten des Mittelalters bis heute erhalten sind – zumindest in Fragmenten. Auch Eldena verdanken wir der Ruinen-Liebe von Romantikern wie Caspar David Friedrich, dem die monumentale Backsteinfassade Modell stand für einige mystische Gemälde von Weltrang. Das Zisterzienserkloster, seit dem Dreißigjährigen Krieg verlassen, liegt vor den Toren von Friedrichs Geburtsort Greifswald. So geheimnisvoll und still die 800 Jahre alten Ruinen, so jugendlich-lebensfroh die kleine Studentenstadt mit dem mittelalterlichen Ortskern. Über den Fluss Ryck mit dem Meer verbunden, stieg Greifswald im Mittelalter in den Kreis der Hansestädte auf. An die maritime Tradition erinnert jedes Jahr im Juli das Fischerfest, größtes Ereignis im Stadtleben, mit dem »Gaffelrigg«, einer Regatta historischer Segler.

Die prächtige Seebrücke von Ahlbeck hat als einzige an der Ostseeküste die Zeiten überdauert (großes Bild). Die neu erbaute Seebrücke von Heringsdorf ist mit 508 Metern die längste Europas (Bild oben). Auch in Bansin (unten links) stehen imposante Gebäude der Bäderarchitektur.

Usedoms Seebäder: Bansin, Heringsdorf, Ahlbeck

Wie Perlen an der Schnur ziehen sich die drei Kaiserbäder am breiten Strand der Insel Usedom hin. Bansin, Heringsdorf und Ahlbeck haben sich ihren Ehrentitel selbst verliehen; er nimmt Bezug auf die wilhelminische Ära, als gekrönte Häupter hier ihre Sommerferien verbrachten und Usedom die »Badewanne Berlins« genannt wurde. 1913 stattete Kaiser Wilhelm II. Ahlbeck einen Besuch ab und wurde werbewirksam auf der Seebrücke fotografiert – sie ist als einzige aus jener Zeit noch erhalten. Nach der Wiedervereinigung bekamen auch Heringsdorf und Bansin wieder Anschluss an die Bäderschifffahrt, der die Seebrücken ursprünglich dienten. Heute werden sie vor allem zum Promenieren und Dinieren in eleganten Restaurants genutzt. Auch die meisten Hotels und Pensionen an der Strandpromenade, in verspielter Bäderarchitektur gestaltet, stammen noch aus der Kaiserzeit.

Natur und Hightech sind kein Widerspruch am Peenestrom: Während in den grünen Uferzonen einzigartige Lebensräume geschützt werden, dröhnen bei Wolgast auf der Peenewerft die Maschinen, und Frachtschiffe liegen im Trockendock (großes Bild links). Werftarbeiter reparieren eine Schiffsschraube (rechts). Obere Bildleiste, von links: Bei Warthe im Lieper Winkel ragen die alten Laubbäume bis direkt ans Wasser. An vielen Stellen, wie in Jarmen, sind rund um den Peenestrom Auewälder gewachsen, die einer Fülle an Tier- und Pflanzenarten Schutz bieten.

Peenestrom

Der Peenestrom ist eigentlich ein Meeresarm der Ostsee; die schmale Durchfahrt zwischen Usedom und dem Festland dient dem Fluss Peene sowie der Oder als Abfluss. Sandbänke, eine zumeist ruhige Strömung und ein Gemisch aus Salz- und Süßwasser – das so genannte Brackwasser – kennzeichnen diesen etwa 20 Kilometer langen Wasserlauf. An einer der engsten Stellen des gewundenen und verzweigten Peenestroms liegt Wolgast, das »Tor zur Insel Usedom«. Über eine Klappbrücke, die alle vier Stunden vor allem Sportbooten die Durchfahrt ermöglicht, gelangt ein Großteil des Fremdenverkehrs in Richtung der Seebäder. Wolgast besitzt eine pittoreske Altstadt, eine Marina und einen Museumshafen. Die Zukunft entsteht einige Schiffslängen flussaufwärts: Zünftig am Schiffbauerdamm liegt die Peenewerft, wo Frachter, Marine- und Spezialschiffe gebaut und überholt werden.

Das Achterland ist das Hinterland Usedoms, abseits der quirligen Ostseebäder, eine beinahe vergessene Naturidylle mit malerischen Dörfern und kleinen Fischerhäfen an den tief ins Land schneidenden Buchten des Peenestroms, der die Südküste umfließt. Auf halber Strecke zum Festland liegt Mellenthin mit einer alten Backsteinkirche. Im hochmittelalterlichen Kreuzrippengewölbe sind farbige Fresken erhalten geblieben (großes Bild). Das Renaissance-Wasserschloss von 1575 ist auf einer künstlichen Insel inmitten von Sumpfland errichtet (oben).

Mellenthin

Wenige Meter abseits der Straße nach Anklam, im Hinterland Usedoms, liegt Mellenthin. Das verschwiegene Dörfchen besitzt eines der schönsten Wasserschlösser der Region. Eine malerische Allee führt über eine Steinbrücke auf die kreisförmige, künstliche Insel mit dem Renaissance-Schloss, das der italienische Baumeister Antonio Wilhelmi 1575 schuf. Seit 2001 wird es restauriert, in den fertigen Räumen befindet sich ein Restaurant.

Vom Interieur ist ein großer Kamin von 1613 erhalten, wunderschön verziert mit bunt bemalten Stuckornamenten. Auch die Fresken im Gewölbe aus dem 14. Jahrhundert setzen bunte Akzente. Der Erbauer des Schlosses, Rüdiger von Neuenkirchen, liegt in der Backsteinkirche Mellenthins unter einer farbigen Grabplatte begraben. Südlich des Dorfes befindet sich die Mellenthiner Heide, seit Juli 2004 mit einem Wisentreservat.

Usedom gehört zu den vielfältigsten Naturräumen Deutschlands. Große Bilder, im Uhrzeigersinn: Das Achterwasser ist eine Bucht des Peenestroms, die die Insel fast in zwei Hälften teilt – Usedom ist hier nur bis zu 300 Meter schmal; bei Peenemünde grenzt Usedom an den Greifswalder Bodden; die Personenfähre Prien befördert von Kamp nach Karnin und zurück; die Halbinsel Gnitz auf der Südseite Usedoms ist eine der ursprünglichsten Regionen. Oben: Seltene Vögel, wie Weißstörche, Kraniche und Seeadler, bekommt man in der Gegend des Öfteren zu Gesicht.

Naturpark Insel Usedom

Die »grüne Insel am Meer« ist seit 1999 Naturpark. Auf 632 Quadratkilometer Fläche breitet sich eine der vielfältigsten Landschaften Deutschlands aus: Hier findet man waldgesäumten Ostseestrand vor, Salzwiesen am Brackwasser-Haff, flache Seen, Buchenwälder, Hochmoore, Dünen und Kulturlandschaften. Die Hälfte des Naturparks besteht aus Wasserfläche, ein Refugium für bedrohte Tier- und Pflanzenarten – besonders während des Vogelzuges ist die Region über Wochen Quartier für unzählige Vögel auf der Durchreise. Dauerhaft bewohnen u. a. Seeadler, Weißstörche, Graureiher und Kraniche die Wasserlandschaft mit ihren Halbinseln und Buchten. Hier leben zudem Fischotter und seltene Amphibien, wie die Glattnatter. Der Naturlehrpfad Ostseeküste erschließt viele dieser Naturräume und führt Wanderer sowie Radfahrer 130 Kilometer über die Insel.

Gibt es ein beschaulicheres Fahrerlebnis, als durch eine stattliche Allee mit geschlossenem, schattenspendendem Laubdach zu fahren? Die knapp 2,5 Kilometer lange, von 170-jährigen Rotbuchen gesäumte, kopfsteingepflasterte Mustitzer Allee bei Zirkow ist Teil der Deutschen Alleenstraße und zählt zu den schönsten Alleen auf Rügen. Sie wurde Mitte der 1990er-Jahre in einem Modellprojekt saniert.

ATLAS

Küste ist nicht gleich Küste – jedes Eck an Deutschlands nordöstlicher Wasserlinie ist unterschiedlich, von anderen geologischen Ursprüngen geprägt und von gegensätzlichen historischen Gegebenheiten begleitet. Zwischen Flensburg und Lübeck liegen tief ins Land schneidende Buchten, die Förden. Wie Perlen an der Schnur ziehen sich die alten Seebäder an Mecklenburgs Küste entlang. Auf Rügen und in Vorpommern findet man wilde Kliffe und dichte Wälder vor.

Der Leuchtturm Dornbusch auf dem 72 Meter hohen Bakenberg ist das Wahrzeichen der Ostseeinsel Hiddensee. Die fast 17 Kilometer lange und an der schmalsten Stelle nur 250 Meter breite Insel ist viel sandiger als das im Osten gelegene Rügen.

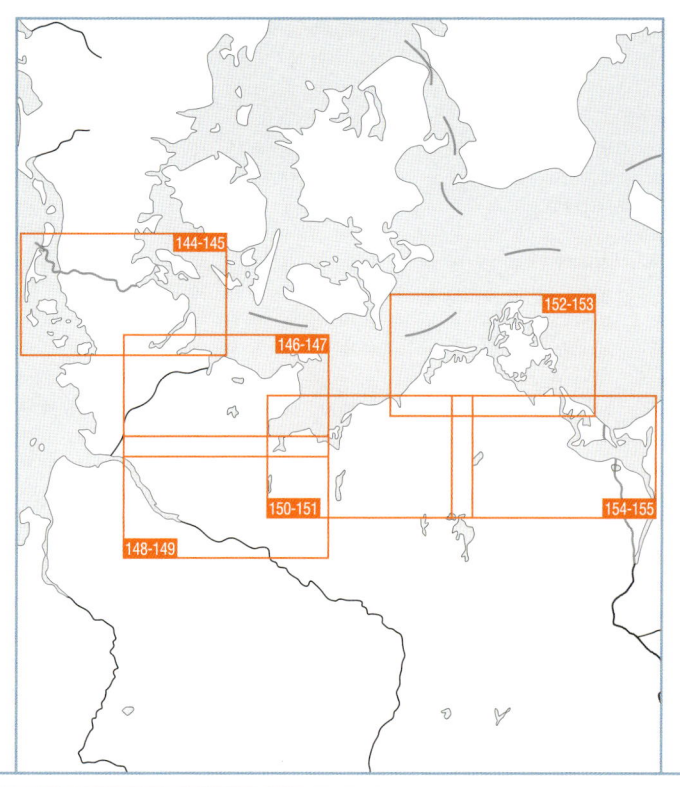

ZEICHENERKLÄRUNG ZU DEN KARTEN 1 : 315 000

- Autobahn (im Bau)
- Mehrspurige Schnellstraße (im Bau)
- Fern-/Nationalstraße (im Bau)
- Wichtige Hauptstraße (im Bau)
- Hauptstraße (im Bau)
- Nebenstraße; Touristenstraße; Straße gesperrt
- Bahnlinie mit Schnellzugverkehr; sonstige Bahnlinie
- Autobahn-/Bundesstraßen-/Europastraßennummer
- Autobahnanschlussstelle mit Nummer; sonstige Anschlussstelle
- Autobahntankstelle/-raststätte/mit Motel/Autohof
- Schnellzug-Bahnhöfe; Autoverladebahnhof
- Flughafen von internationaler/nationaler/regionaler Bedeutung
- Fährhafen; Hafen; Autofähre
- Grenzübergang/nur für Fußgänger
- Staatsgrenze; Regionalgrenze
- Militärisches Sperrgebiet; Nationalparkgrenze

Deutsche Ostseeküste

LEGENDE

Die Karten auf den folgenden Seiten zeigen die deutsche Ostseeküste im Maßstab 1: 315 000. Die geografischen Details werden dabei durch eine Vielzahl touristischer Informationen ergänzt; zum einen durch das ausführlich dargestellte Verkehrsnetz, zum anderen durch Piktogramme, die Lage und Art aller wichtigen Sehenswürdigkeiten und Freizeitziele bezeichnen. Touristisch interessante Städte sind durch einen orangenen Rahmen hervorgehoben. Auch die von der UNESCO zum Weltkulturerbe gezählten Monumente sind besonders gekennzeichnet.

PIKTOGRAMME

Berühmte Reiserouten
- Autoroute
- Bahnstrecke
- Schiffsroute

Naturlandschaften und -monumente
- UNESCO-Weltnaturerbe
- Höhle
- Flusslandschaft
- Seenlandschaft
- Depression
- Naturpark
- Nationalpark (Landschaft)
- Vogelschutzgebiet
- Biosphärenreservat
- Botanischer Garten
- Beobachtungsgebiet für Vögel
- Zoo/Safaripark
- Wisentgehege
- Küstenlandschaft
- Insel
- Strand

Kulturmonumente und -veranstaltungen
- UNESCO-Weltkulturerbe
- Vor- und Frühgeschichte
- Wikinger
- Jüdische Kulturstätte
- Christliche Kulturstätte
- Kirchenruine
- Romanische Kirche
- Gotische Kirche
- Barockkirche
- Christliches Kloster
- Kulturlandschaft
- Historisches Stadtbild
- Burg/Festung/Wehranlage
- Burgruine
- Palast/Schloss
- Technisches/industrielles Monument
- Sehenswerter Leuchtturm
- Sehenswerter Turm
- Windmühle
- Wassermühle
- Grabmal

- Kriegsschauplatz/Schlachtfeld
- Denkmal/Monument
- Mahnmal
- Feste und Festivals
- Museum
- Freilichtmuseum
- Informationszentrum

Bedeutende Sport- und Freizeitziele
- Olympische Spiele
- Arena/Stadion
- Segeln
- Windsurfen
- Badeort
- Freizeitbad
- Mineralbad/Therme
- Freizeitpark
- Aussichtspunkt
- Wandern
- Klettergebiet

Deutsche Ostseeküste

Deutsche Ostseeküste

Herausragende Metropolen, Kulturmonumente und -veranstaltungen

- UNESCO-Weltkulturerbe
- Vor- und Frühgeschichte
- Wikinger
- Christliche Kulturstätte
- Romanische Kirche
- Gotische Kirche
- Christliches Kloster
- Historisches Stadtbild
- Burg/Festung/Wehranlage
- Burgruine
- Palast/Schloss
- Technisches/industr. Monument
- Sehenswerter Turm
- Denkmal
- Museum
- Freilichtmuseum

Sport- und Freizeitziele

- Segeln
- Badeort
- Mineralbad/Therme
- Freizeitpark

Deutsche Ostseeküste   145

Deutsche Ostseeküste

Herausragende Metropolen, Kulturmonumente und -veranstaltungen

- UNESCO-Weltkulturerbe
- Vor- und Frühgeschichte
- Wikinger
- Christliche Kulturstätte
- Romanische Kirche
- Gotische Kirche
- Barockkirche
- Christliches Kloster
- Historisches Stadtbild
- Palast/Schloss
- Technisches/industr. Monument
- Sehenswerter Turm
- Denkmal
- Feste und Festivals
- Museum
- Freilichtmuseum

Sport- und Freizeitziele

- Segeln
- Windsurfen
- Badeort
- Mineralbad/Therme

Deutsche Ostseeküste 147

Herausragende Metropolen, Kulturmonumente und -veranstaltungen

- UNESCO-Weltkulturerbe
- Vor- und Frühgeschichte
- Christliche Kulturstätte
- Romanische Kirche
- Gotische Kirche
- Barockkirche
- Christliches Kloster
- Historisches Stadtbild
- Palast/Schloss
- Technisches/industr. Monument
- Herausragende Brücke
- Herausragendes Gebäude
- Grabmal
- Mahnmal
- Feste und Festivals
- Museum

Sport- und Freizeitziele

- Segeln
- Freizeitbad
- Freizeitpark
- Arena/Stadion

Deutsche Ostseeküste 149

Deutsche Ostseeküste

Legende

Herausragende Metropolen, Kulturmonumente und -veranstaltungen
- UNESCO-Weltkulturerbe
- Vor- und Frühgeschichte
- Jüdische Kulturstätte
- Christliche Kulturstätte
- Romanische Kirche
- Gotische Kirche
- Christliches Kloster
- Historisches Stadtbild
- Palast/Schloss
- Sehenswerter Leuchtturm
- Windmühle
- Herausragendes Gebäude
- Museum
- Freilichtmuseum
- Informationszentrum

Sport- und Freizeitziele
- Segeln
- Windsurfen
- Badeort
- Mineralbad/Therme

Maßstab 1:315 000
0 2 4 6 Kilometer

Berühmte Reiserouten
- Autoroute
- Bahnstrecke
- Schiffsroute
- Touristenstraße

Herausragende Naturlandschaften und Naturmonumente
- UNESCO-Weltnaturerbe
- Naturpark
- Nationalpark (Landschaft)
- Vogelschutzgebiet
- Biosphärenreservat
- Zoo/Safaripark
- Botanischer Garten
- Küstenlandschaft
- Strand
- Insel

OSTSEE

Falster

Nationalpark Vorpommersche Boddenlandschaft

Darßer Ort · Prerow · Zingst · Großer Werder · Kleine Bock
Darß · Prerow · Zingst · Pramort · Wendisch Langendorf · Barhöft
Darßer Arche · Wieck · Müggenburg · Große Kirr · Oie · Sundische Wiese · Solkendorf · Kinnbackenhagen · Klausdorf · Groß Mohrdorf · Hohendorf

Ahrenshoop · Niehagen · Born · Bliesenrade · Bodstedt · Bodstedter Bodden · Pruchten · Marienkirche · BARTH · Nisdorf · Muuks · Prohn
Saaler Bodden · Michaelsdorf · Fuhlendorf · PLANITZ · TANNHEIM · Grabow · Günz · Buschen-hagen · Altenpleen · Preetz
Wustrow · Neuendorf Heide · Hermannshagen Heide · Flughafen Stralsund-Barth · Rubitz · Dabitz · Neu Küstrow · Duvendiek · Schmeds-hagen
Fischland · Neuendorf · Hermanns-hof · Kronsberg · Spoldershagen · Kenz · Zipke · Bartelshagen · 20 · Lassentin · Krönnevitz · Freien-lande
Dierhagen Ost · Saal · Hermanns-hagen · Dorfkirche · Flemendorf · Groß Kordshagen · Wüstenhagen · Niepars · Zansebuhr · Pantelitz
Mecklenburger · Dierhagen Dorf · Langendamm · Hessenburg · Lüdershagen · Martens-hagen · Divitz · Saatel · Karnin · Kummerow · Martens-hagen · Zimken-dorf
Dierhagen-Strand · Bejershagen · Küchenhagen · Bartelshagen II · 21 · Löbnitz · Stübben-hagen · Friedrichshof · Bussin · Ober-mützkow · Pütte · Langen-dorf
Bucht · Dierhagen Strand · Tempel · Dechowshof · Hanse-Route · Altenwillers-hagen · Wiepken-hagen · Neuhof · Mittelhof · Starkow · Velgast · Borgwall-see · Lenzen-hagen · 13
Neuhaus · DAMGARTEN · Behrensdorf · Buchenhagen · Neu Seehagen · Altenhagen · Schuenhagen · Nienhagen · Jakobsdorf · Wolfsdorf · Seemü · Steinhagen
Graal-Müritz · Müritz · Klein Müritz · PÜTNITZ · Behrensdorf · Dettmannsdorf · Trinwillershagen · Neuenrost · Höveth · Wolfshagen · Berthke
Rhododendronpark · Klockenhagen · Hirschburg · RIBNITZ-DAMGARTEN · Daskow · Pantlitz · Ravensberg · Millenhagen · Behren-walde · Zanderhagen · RICHTENBERG · Grün Kordshagen · 7
Rostocker Heide · Altheide · Carlewitz · Pantlitz · Ahrenshagen · Schlemmin · Spiekersdorf · Steinfeld · Papenhagen · Stadtkirche · Sieverts-hagen
Gelbensande · Wilmshagen · Kuhlrade · Jahnkendorf · Koltenhagen · Semlow · FRANZBURG · NEU BAUHOF · Abtshagen · Ungnade
Warnemünde · Hinrichshagen · Willershagen · Rostocker Wulfshagen · Triebow · Palmzin · Forkenbeck · Leplow · Oebelitz · Werder · Zisterzienser-kloster · Wolfsdorf · Eichholz
LICHTEN-HAGEN · Heimatmuseum · Niederhagen · Blankenhagen · Völkshagen · Gresen-horst · Bartelshagen · 19 · Allerstorf · Plennin · Eixen · Katzenow · Dolgen · Grün · Neumühl · Papenhagen
Elmenhorst-Lichtenhagen · Markgrafenheide · Hanse-Route · Mönchhagen · Cordshagen · Mandels-hagen · Kloster Wulfshagen · ALT GUTHEN-DORF · Vogelpark · MARLOW · Stormsdorf · Hugoldsdorf · Rönkendorf · Drechow · Pöglitz · Müggen-hagen · Splietsdorf
GROSS KLEIN · Nienhagen · Klein Kussewitz · Vogtshagen · Carlsruhe · Kanneberg · Schulenberg · Kavelsdorf · BAD SÜLZE · Landsdorf · Angerode · Kraskow · Rekentin · Vorland · Grellenberg · Quitzin
Rostock-Übersee-hafen · Rostock-Nord · Groß Kussewitz · Poppendorf · Dänschen-burg · Neu Wendorf · Dudendorf · 6 · Reddershof · Langsdorf · TRIBSEES · Siemersdorf · Kirch Baggendorf · Gremersdorf · Grimmen-Wett
ROSTOCK · Bentwisch · Fienstorf · Steinfeld · Wendorf · 15 · Dettmannsdorf · Kölzow · Reppelin · Stubbendorf · Schabow · 5 · Böhlendorf · Tribsees · 16 · Stremlow · Leyerhof
Rostock-Süd · Pastow · Broderstorf · 16 · Barkvieren · Gnewitz · Ehmkendorf · Lindholz · Bad Sülze · Nütschow · Tehlin · Gransebieth · Brönkow · Turow
Kessin · Roggentin · Groß Lüsewitz · Sanitz · Zarnewanz · Liepen · Grammow · Breesen · Deyelsdorf · Voigtsdorf · Wendisch Baggendorf

Hidd...

152 Deutsche Ostseeküste

Deutsche Ostseeküste

Herausragende Metropolen, Kulturmonumente und -veranstaltungen
- UNESCO-Weltkulturerbe
- Vor- und Frühgeschichte
- Christliche Kulturstätte
- Kirchenruine
- Gotische Kirche
- Christliches Kloster
- Kulturlandschaft
- Historisches Stadtbild
- Palast/Schloss
- Sehenswerter Leuchtturm
- Herausragende Brücke
- Windmühle
- Herausragendes Gebäude
- Grabmal
- Museum
- Freilichtmuseum

Sport- und Freizeitziele
- Segeln
- Windsurfen
- Badeort
- Mineralbad/Therme

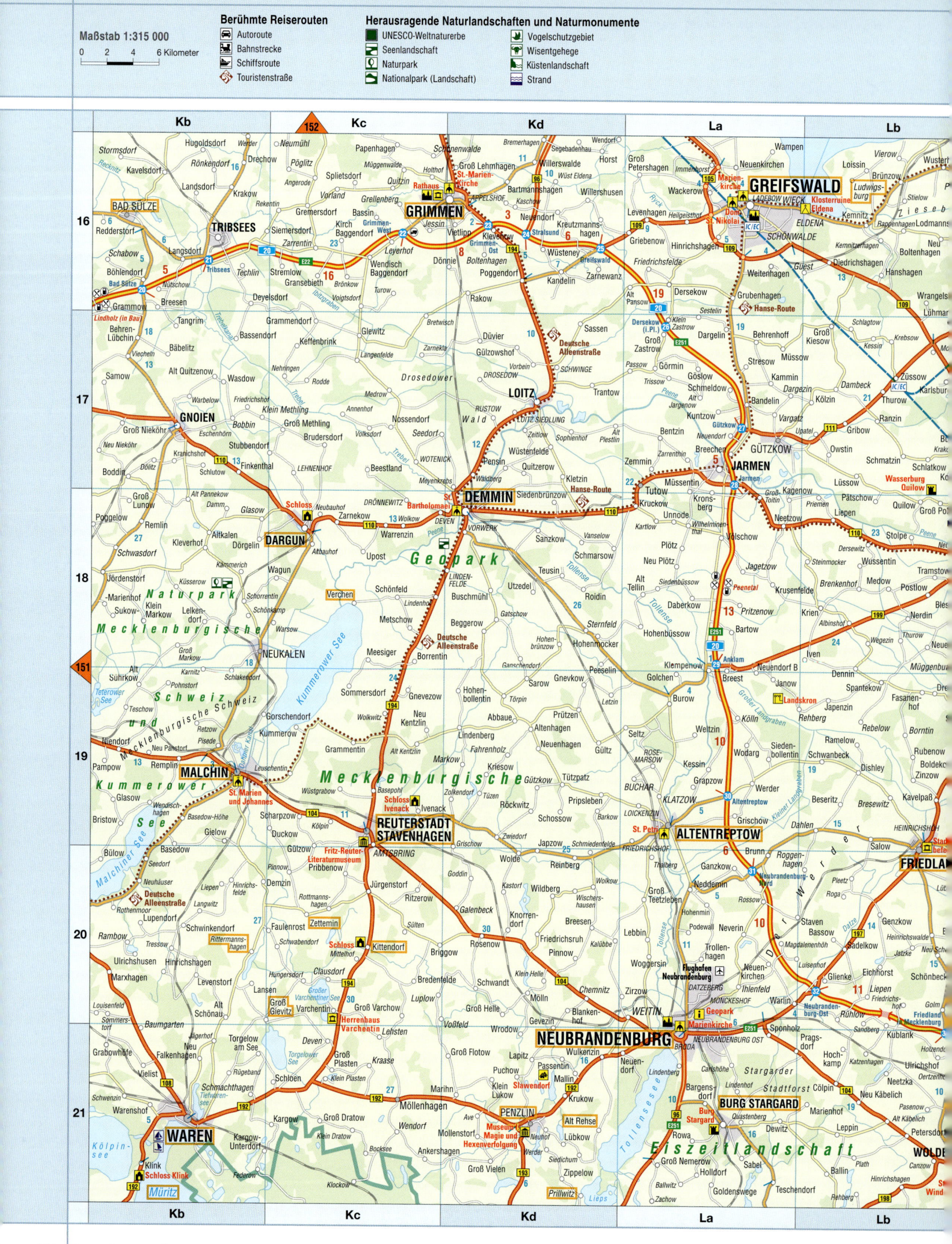

Herausragende Metropolen, Kulturmonumente und -veranstaltungen

- UNESCO-Weltkulturerbe
- Christliche Kulturstätte
- Kirchenruine
- Gotische Kirche
- Christliches Kloster
- Historisches Stadtbild
- Burg/Festung/Wehranlage
- Burgruine
- Palast/Schloss
- Herausragende Brücke
- Windmühle
- Herausragendes Gebäude
- Mahnmal
- Feste und Festivals
- Museum
- Freilichtmuseum

Sport- und Freizeitziele

- Segeln
- Windsurfen
- Badeort
- Mineralbad/Therme

Deutsche Ostseeküste — 155

Die Registereinträge beziehen sich auf den Bildteil und auf die Karten. Nach dem Stichwort folgt, entsprechend dem Karteneintrag, ein Piktogramm (Erklärung Seite 143), das auf die Art der Sehenswürdigkeit verweist. Seitenzahl und Suchfeldangabe für den Kartenteil sind fett gedruckt. Danach folgt die Seitenzahl für den Bildteil, und zuletzt werden Internetadressen angegeben, die einen raschen Zugriff auf weitere aktuelle Informationen über die in diesem Werk beschriebenen Orte und Sehenswürdigkeiten ermöglichen. Die meisten Einträge auf den Bildseiten sind auch im Kartenteil zu finden, der darüber hinaus eine Fülle weiterer wichtiger touristischer Hinweise bietet.

A

Adendorf		149	Gc23	www.adendorf.de
Agrarhistorisches Museum		151	Jd21	www.museum-alt-schwerin.de
Ahlbeck		155	Ma17	www.drei-kaiserbaeder.de
				121, 128, 133
Ahrensbök		147	Gd17	www.ahrensboek.de
Ahrensburg		148	Gb20	www.ahrensburg.de
Ahrenshoop		152	Jd14	95, 101 www.ostseebad-ahrenshoop.de
Alt Duvenstedt		146	Fc14	25 www.alt-duvenstedt.de
Altenholz		146	Ga14	www.altenholz.de
Altenkirchen		153	La11	110 de.wikipedia.org/wiki/Altenkirchen_(R%C3%BCgen)
Altentreptow		154	La19	www.altentreptow.de
Altfriesisches Haus		144	Ea10	www.insel-museum.de/museen_altfriesisches_haus.html
Althagen				93 www.nv-portpilot.com/contentlanguage/
Ammersbek		148	Gb20	www.ammersbek.de
Amrum		144	Ea12	www.amrum.de
Angeln				17, 23, 24
Anklam		155	Lc18	www.anklam.de
Anklamer Tor		155	Ld18	www.museum-im-steintor.de
AOL-Arena		148	Ga21	www.hsv.de/index.php?id=1860
Aqua Tropicana		145	Ga12	www.damp-urlaub.de/de/pub/touristik/kinder/baden/aquatropicana.htm
Arboretum		148	Fd20	www.arboretum-ellerhoop.city-map.de
Arnis		145	Ga12	www.stadt-arnis.de
Arriba		148	Ga20	www.arriba-erlebnisbad.de

B

Baabe		153	Lc14	www.baabe.de
				108, 125, 127
Backsteinhalle		153	Kd11	
Bad Bramstedt		148	Fd18	www.bad-bramstedt.de
Bad Doberan		151	Jb16	83 www.heiligendamm.de
Bad Oldesloe		149	Gc19	www.badoldesloe.de
Bad Schwartau		149	Gd18	www.bad-schwartau.de
Bad Segeberg		148	Gb18	www.badsegeberg.de
Bäderarchitektur				118, 121, 133 www.baederarchitektur.de
Bansin		155	Ma17	121, 133 www.drei-kaiserbaeder.de
Bargteheide		148	Gb20	www.bargteheide.de
Barhöft		152	Kc13	www.leuchtturm-atlas.de/HTML/BarhoeT.html
Barmstedt		148	Fd19	www.barmstedt.de
Barnstorf				93, 100 www.barnstorf.de
Barsbüttel		148	Gb21	www.barsbuettel.de
Barth		152	Kb14	www.stadt-barth.de
Bergen a. Rügen		153	La13	www.stadt-bergen-auf-ruegen.de
Bernsteinmuseum		152	Ka15	www.deutsches-bernsteinmuseum.de/index1.html
Bernsteintherme		153	Ld16	www.bernsteintherme.de/main.html
Binz		153	Lb13	www.binz.de
				108, 117, 119, 121, 125, 127
Biosphärenreservat Schaalsee		150	Ha21	www.schaalsee.de
Biosphärenreservat Südost-Rügen		153	Lb14	127 www.biosphaerenreservat-suedostruegen.de
Bismarck-Mausoleum		149	Gc21	
Bismarckmuseum		149	Gc21	www.museen-sh.de/ml/inst.php?inst=37
Bismarckstein		148	Fd21	www.treuenbrietzen.de/front_content.php?idart=144
Bleckede		149	Ha23	www.bleckede.de
Boizenburg		149	Ha23	62.206.25.73
Boltenhagen		150	Hc17	www.boltenhagen.de
Bordesholm		146	Ga16	www.bordesholm.de
Breesen		153	Kd14	www.landkreis-demmin.de
Brodtener Steilufer		150	Ha17	www.ostseehaus-dreesen.de/kategorie3/index.html
Brunsbüttel				35 www.brunsbuettel.de
Brutkamp Stein		146	Fb16	www.roland-harder.de/albersdorf/brutkampstein.html
Buchholz i.d. Nordheide		148	Fd23	www.buchholz.de
Buddenbrooks				59
Büchen		149	Gd22	www.buechen.de
Büdelsdorf		146	Fc15	www.buedelsdorf.de
Bülk		146	Gb13	www.leuchtturm-buelk.de
Bützow		151	Jc18	buetzow.eu
Bug				99
Bundesmarine				29, 33 www.marine.de
Burg a. Fehmarn		147	Hc13	43 www.burg-fehmarn.de
Burg Schlitz		151	Ka20	www.burg-schlitz.de
Burg Stargard		154	La21	www.stargarder-land.de/frame/tourism/index.htm
Buxtehude		148	Fd22	www.stadt.buxtehude.de

C

Caspar David Friedrich				95, 113, 131

D

Dahme		147	Hb15	www.ostseeferienland.de/dahme/de/home/home.php
Dahmeshöved		147	Hb15	www.wsa-luebeck.wsv.de/wasserstrassen/bauwerke
Damp		145	Ga12	27 www.damp-urlaub.de
Dannewerk		146	Fb13	www.dannewerk.de/museum.htm
Darß		152	Ka13	94, 97, 101 www.darss-online.de
Darßer Arche		152	Ka13	www.darsser-arche.de
Darßer Bodden				63 www.darss-online.de
Darßer Ort		152	Ka13	97 www.darsserort.de
Darßwald				94, 97, 99 www.darss.org/index.php?cat=Umgebung

D (right column)

DDR-Museum		151	Ka21	www.ddr-museum.de
Demmin		154	Kd18	www.demmin.de
Dierhagen-Strand		152	Jd14	www.all-in-all.com/1063/index.htm
Dobberworth		153	Lb12	www.ruegen-web.de
Dolmen		150	Ja16	www.rerik.de/2/graeber/graeber.php4
Dom Güstrow		151	Jc19	www.dom-guestrow.de
Dom Ratzeburg		150	Ha20	www.ratzeburgerdom.de
Dom Schwerin		150	Hd20	www.dom-schwerin.de
Dom St. Nikolai		153	La16	www.dom-greifswald.de
Dom St. Petri		146	Fc13	www.schleswigerdom.de
Dorfkirche Kavelstorf		151	Jc17	www.autobahnkirche-kavelstorf.de/index.php
Dorfkirche Kenz		152	Kb14	www.kirchentour.de
Dorfkirche Vietlübbe		150	Hc20	www.kirche-vietluebbe.de
Dorfkirche Waase		153	Kd13	www.ruegenurlaub.de/insel_ruegen/kirchen
Dornbusch		153	Kd12	104 www.werthenbach-net.de/HTML/Dornbu.html
Dranske		153	Kd11	www.gemeinde-dranske.de
Drochtersen		148	Fb20	www.drochtersen.de

E

Eckernförde		146	Fd13	www.eckernfoerde.de
Eggesin		155	Ma19	www.eggesin.de
Eider				37 de.wikipedia.org/wiki/Eider
Elbe		148	Fc20	37 de.wikipedia.org/wiki/Elbe
Elbschloss		149	Ha23	www.elbschloss-bleckede.de
Elbtalaue		149	Gd23	www.elbschloss-bleckede.de
Eldena		153	La16	131 www.amt-grabow.de
Elmshorn		148	Fc19	www.stadt-elmshorn.de
Erlebnispark 'Pfiff'		151	Jc19	www.pfiff-erlebnispark.de
Erlebniswald		146	Gb17	www.erlebniswald-trappenkamp.de
Ernst-Barlach-Gedenkstätte		151	Jc19	www.barlach-stiftung.de
Ertheneburg		149	Gc23	de.wikipedia.org/wiki/Ertheneburg
Eulenspiegelmuseum		149	Gd21	www.moelln.de/moelln/geschi/eule.htm
Eutin		147	Gd16	47 www.eutin.de
Eutiner Schloss		147	Gd16	46 www.museen-sh.de/ml/inst.php?inst=90

F

Fehmarn		147	Hb13	25, 43 www.fehmarn-info.de
Fehmarnbelt		147	Hb13	43 www.fehmarnbelt.de
Fehmarnsundbrücke		147	Hb14	43 www.sundfaehre.com/sundf.htm
Feldsteinkirche		151	Jd19	www.feldsteinkirche.de
Fischerei- und Hafenmuseum		153	Lb12	www.hafenmuseum.de
Fischland				93 www.fischland-darss.net
Flensburg		145	Fb11	15 www.flensburg.de
Flensburger Förde		145	Fc10	11, 15, 17 www.flensburg-online.de/az/flensburger-foerde.html
Fliesenmuseum		149	Ha23	boizenburg.de/tourismus/bild1024-1.html
Flintbek		146	Ga15	www.flintbek.de
Flügge		147	Hb13	www.leuchtturm-atlas.de/HTML/goFluegg0.html
Flughafen Hamburg-Fuhlsbüttel		148	Ga21	www.ham.airport.de
Flughafen Heringsdorf		155	Ma17	www.flughafen-heringsdorf.de
Flughafen Kiel-Holtenau		146	Gb14	www.airport-kiel.de
Flughafen Lübeck		149	Gd19	www.flughafen-luebeck.de/1024/1024.htm
Flughafen Neubrandenburg		154	La20	www.flughafen-neubrandenburg.de
Flughafen Rostock-Laage		151	Jd18	www.rostock-airport.de
Flugplatz Güttin		153	La13	www.ruegenmagic.de/flug.htm
Flugplatz Peenemünde		153	Lc15	www.alpha-group.de/ufg/infos.htm
Fockbek		146	Fc15	www.fockbek.de
Föhr		144	Eb11	www.foehr.de
Förden				9
Fredenbeck		148	Fb21	www.fredenbeck.de
Freilandmuseum		152	Jd15	www.absolut-mecklenburg.de
Freilichtmuseum		146	Ga15	www.freilichtmuseum-sh.de
Freilichtmuseum		151	Jb19	www.gross-raden.de
Freizeitpark Tolkschau		145	Fc12	www.tolk-schau.de/freizeitpark.htm
Friedland		154	Lb19	www.friedland.de
Friesenmuseum		144	Eb11	www.friesen-museum.de
Fritz-Reuter-Literaturmuseum		154	Kc19	www.fritz-reuter-literaturmuseum.de

G

Gadebusch		150	Hb20	www.gadebusch.de
Gagel				108 www.vgem-seehausen.de
Gedenkstätte		147	Gd17	www.gedenkstaetteahrensboek.de
Geesthacht		149	Gc22	www.geesthacht.de
Gelting		145	Fd11	24 www.gelting.de
Geopark		154	La20	www.geopark-mecklenburgische-eiszeitlandschaft.de
Geopark Mecklenburgische Eiszeitlandschaft		154	Kc18	www.geopark-mecklenburgische-eiszeitlandschaft.de
Gerhard Hauptmann				105
Gespensterwald				77, 81 www.m-vp.de/3628.htm
Gettorf		146	Ga14	www.gettorf.de
Gewürzmuseum		148	Ga21	www.spicys.de
Glinde		148	Gb21	www.glinde.de
Glücksburg		145	Fc10	11 www.gluecksburg-ostsee.de
Glückstadt		148	Fc20	www.glueckstadt-tourist-info.de
Göhren		153	Lc14	127 www.goehren.de
Golm		155	Ma17	www.golm-usedom.de
Gorch Fock				33 www.gorchfock.de
Graal-Müritz		152	Jd15	www.graal-mueritz.de/index2.php

156 Deutsche Ostseeküste

Von links: Im Dom von Schleswig erwartet den Besucher ein Meisterwerk der europäischen Schnitzkunst: der Bordesholmer Altar von Hans Brüggemann; Seebrücke in Ahlbeck; Holländerwindmühle Ceres in Alt Duvenstedt; SPA im Kempinski Grand Hotel Heiligendamm.

Name	Seite	Koord.	Extra	URL
Grabow	153	La15		www.grabow.de
Graswarder	147	Hb14		www.graswarder.de
Grebin	147	Gc16	24	www.amt-ploen-land.de
Greifswald	153	La16	129, 131	www.greifswald.de/index.html
Greifswalder Bodden	153	Lb15	129	www.wassersport-im-bodden.de
Grevesmühlen	150	Hc18		www.grevesmuehlen.de
Grieben	150	Hb19	105	www.grieben-elbe.de
Grimmen	152	Kc16		www.grimmen.de
Grömitz	150	Hb16	49	www.groemitz.de
Großenbrode	147	Hb14		www.grossenbrode.de
Großer Eutiner See	147	Gd16	47	www.seen.de/seedetails/Grosser_Eutiner_See.html
Großhansdorf	148	Gb20		www.grosshansdorf.de
Güstrow	151	Jd19		www.guestrow.de
Gut Altenhof	146	Fd14		www.gutaltenhof.de
Gut Dalwitz	151	Ka18		www.muehlen-mv.de/muehlenwege/gut_dalwitz.htm
Gut Hasselburg	150	Ha16		www.ostholstein.city-map.de
Gutshaus Belitz	151	Ka18		www.gutshaus-belitz.de
Haffmuseum	155	Ld19		www.ueckermuende.de/haffmuseum
Hagenow	149	Hc22		www.hagenow.de/tourist.php
Haithabu			19, 21, 23	www.haithabu.de
Halstenbek	148	Fd21		www.halstenbek.de
Hamburg	148	Ga21		www.hamburg.de
Handewitt	145	Fb11		www.amt-handewitt.de
Hansa-Park	150	Ha17		www.hansapark.de/main.php
Hanse			73	www.hanse.org
Hanse Sail			87	www.hansesail.com
Harrislee	145	Fb10		www.harrislee.de
Harsefeld	148	Fc22		www.harsefeld.de
Heikendorf	146	Gb14		www.heikendorf.de
Heiligendamm	151	Jb16	77, 79, 120	www.heiligendamm.de
Heiligenhafen	147	Hb14	41	www.heiligenhafen.de
Heimatmuseum	152	Jc16		www.rostock.de/Internet/stadtverwaltung/kultur
Henstedt-Ulzburg	148	Ga19		www.henstedt-ulzburg.de
Heringsdorf	155	Ma17	121, 133	www.drei-kaiserbaeder.de
Herrenhaus Varchentin	154	Kc20		www.gutshaeuser.de/park/varchentin.html
Hessenstein	147	Gc14		www.hessenstein.de
Hetlinger Schanze	148	Fc21		www.haselndorfer-marsch.de/hetlingen/index.html
Hiddensee	152	Kc12		www.hiddensee.de
			100, 105, 106	
Hindenburgdamm	144	Eb10		www.lauritzen-hamburg.de/dammbau.html
Historisch-Technisches Informationszentrum	153	Lc15		www.peenemuende.de/hti/index.php
Hochbrücke	146	Fc15		www.rendsburg.de/touristik/nok_bruecke_tunnel.html
Hochparcour	147	Gd15		www.hochklettern.de
Hörnum	144	Ea11		www.hoernum.de
Hohenlockstedt	148	Fc18		www.hohenlockstedt.de
Hohwacht	147	Gd15	41	www.hohwacht.de
Holm	146	Fc13	19	
Holstein	147	Gd16	37	www.schleswig-holstein.de
Holsteinische Schweiz	147	Gd16	37, 45	www.holsteinischeschweiz.de
Holsten-Therme	148	Ga19		www.holstentherme.de
Holstentor	149	Gd18	51	www.luebeck.de
Horneburg	148	Fc22		www.horneburg.de
Howachter Bucht	147	Gd14	41	www.hohwachter-bucht.de
Hünengräber	153	Lb14		www.wild-east.de/meckpom/ruegen/sellin/attrak.html
Husum	144	Fa13		www.husum.org
Industriemuseum	148	Fc19		www.industriemuseum-elmshorn.de
Insel Poel	150	Hd17		www.insel-poel.de
Inselkirche	150	Hd17		www.insel-poel.de/index.html
Itzehoe	148	Fc18		www.itzehoe.de
Jagdschloss Granitz	153	Lb13	123	de.wikipedia.org/wiki/Jagdschloss_Granitz
Jaromarsburg	153	La11		www.wizlaw.de/html/1__gardvogteien.html
Jesteburg	148	Ga23		www.jesteburg.de/
Johannesmühle	145	Ga11		
Jork		148	Fc21	www.jork.de
Jüdisches Museum	146	Fc15		www.schloss-gottorf.de/jm/index.php
Kaiserbäder			121, 133	www.kaiserbaeder.de
Kalifornien	147	Gc14		www.kalifornien-tourismus.de
Kaltenkirchen	148	Ga19		www.kaltenkirchen.de
Kap Arkona	153	La11		www.kap-arkona.de
			107, 111, 117	
Kappeln	145	Ga12	9, 23	www.kappeln.de
Karl Friedrich Schinkel			107, 111, 123	
Karl-May-Spiele	149	Gc18		www.karl-may-spiele.de
Karniner Brücke	155	Ld18		www.karninerbruecke.de/frameset.html
Kellenhusen	150	Hb16	49	www.kellenhusen.de
Kellinghusen	148	Fd18		www.kellinghusen.de
Kempinski Grand Hotel Heiligendamm			79	www.kempinski-heiligendamm.de
Kiel	146	Ga15	9, 29	www.kiel.de
Kiel-Holtenau			34	www.holtenau-info.de/index.htm
Kieler Bucht	146	Gb13	31	www.meinestadt.de/kieler-bucht/home
Kieler Förde	146	Gb14	31, 35	www.fh-kiel.de/webcam/webcam1/normal.php
Kieler Woche	146	Gb14	29, 33	www.kieler-woche.de
Kirchdorf	150	Hd17	69	www.insel-poel-info.de
Klaus Störtebeker			73, 93, 97	
Klausdorf	146	Gb15		www.gemeinde-klausdorf.de/
Kloster	153	Kd12	105	www.hiddensee.de/inselfuehrer/luftbilder_kloster.html
Kloster Cismar	150	Hb16		www.cismar.de/kloster.htm
Kloster Eldena	153	Lb16	130	www.greifswald-online.de/greifswald/klosterruine.php
Kloster Malchow	151	Ka21		www.m-vp.de/9242.htm
Kloster Preetz	146	Gb15		www.kirche-tourismus.de/kirchen.sh
Kloster Uetersen	148	Fc20		www.pinneberg.city-map.de
Kloster Zarrentin	150	Ha21		www.m-vp.de/1056/1056_4.htm
Klosterkirche Bad Doberan	151	Jb16		www.m-vp.de/9185.htm
Klosterkirche Neukloster	150	Ja18		www.neukloster.de
Klützer Winkel			65	www.kluetzer-winkel.de
Köhlbrandbrücke	148	Fd21		www.bernd-nebel.de/bruecken
Königspesel	144	Eb12		www.hooge.de/urlaub/koenig.htm
Königsstuhl	153	Lb12	113	www.koenigsstuhl.com/deutsch
Kossau			41	www.meeresblick.de
Kraniche			99	
Kreidefelsen			109, 113	www.ruegen-infoweb.de/kreidefelsen.htm
Kreideküste			113, 117	www.ruegeninsel.de/kreideküste.html
Kronshagen	146	Ga14		www.kronshagen.de
Kropp	146	Fc14		www.kropp.de
Krummin	153	Lc16		www.naturhafen.de
Kühlungsborn	150	Ja16	77	www.kuehlungsborn.de
Küstenschiffahrts-Museum	148	Fb19		www.kuestenschiffahrtsmuseum.de
Kunstmuseum	151	Jc18		www.kunstmuseum-schwaan.de
Laage	151	Jd18		www.stadt-laage.de
Laboe	146	Gb14	31	www.laboe.de
Landschaftsmuseum Angeln/Unewatt	145	Fc10		www.museum-unewatt.de
Landskron	154	La19		www.burgenland-mv.de/html/landskron.html
Lauenburg	149	Gd23		www.lauenburg.de
Leck	144	Ed11		www.leck.de
Lobbe	153	Lc14		www.lobbe-online.de
Loddin	153	Ld16		www.usedom-infoweb.de/loddin.htm
Lübeck	149	Gd18		whc.unesco.org/pg.cfm?cid=31&id_site=272
			37, 51, 53, 55, 57, 59, 73	
Lübecker Bucht	150	Ha17	49	www.luebecker-bucht.de
Lütjenburg	147	Gd15	41	www.stadt-luetjenburg.de
Malchin	154	Kb19		www.malchin.de
Malchow	151	Ka21		www.m-vp.de/1038/index.htm
Malente	147	Gd16		www.malente.de
Maria-Magdalenen	149	Gd23		www.kiel.de/katalog/001.php?id=340
Marienkirche	149	Gd18		www.luebeck.de
Marienkirche	152	Jc16		www.marienkirche-rostock.de/
Marienkirche	152	Kb14		www.stadt-barth.de/stadtportrait/kirchen.html
Marienkirche	153	La16		
Marienkirche	154	La20		www.konzertkirche.de
Marienkirche	155	Lc18		www.kirche-anklam.de/html/marienkirche.html
Marienkirche	155	Ld19		www.greifswald-infoweb.de
Marineehrenmal	146	Gb14	31	www.deutscher-marinebund.de/ehrenmal
Marinehäfen			13	
Mecklenburg			63	www.tourismuszentrum-ostseekueste.de/
Mecklenburgisches Volkskundemuseum	150	Hd21		www.mvweb.de/museen/fm005.html
Meereszentrum	147	Hc14		www.meereszentrum-fehmarn.de
Megalithgräber	150	Hc18		www.m-vp.de/1025/bodendenkmale.htm
Megalithgräber	151	Jd20		www.megalithgraeber.de
Mellenthin	155	Ld17	137	www.usedom.de/mellenthin
Mini-Born-Park	146	Fc14		www.mini-born-park.de
Mölln	149	Gd20	61	www.moelln.de
Mönchgut			100, 119, 125, 127	www.ruegen-hiddensee.de/Halbinsel-Moenchgut/
Mönchsguter Museen	153	Lc14		www.moenchguter-museen-ruegen.de
Molfsee	146	Ga15	24	www.molfsee.de
Molli	151	Jb16	77	www.molli-bahn.de
Morsum-Kliff	144	Eb10		www.naturschutz-sylt.de/morsum.html
Mühle Engel	144	Ed13		www.engel-muehle.de
Mühlen			25	
Mühlen Museum	148	Fd22		www.kiekeberg-museum.de
Mühlenau			39	de.wikipedia.org/wiki/Hohenfelder_M%C3%BChlenau
Mühlenhaus	151	Ka17		www.muehlenhaus.de
Mühlenmuseum	147	Hb13		www.museum-fehmarn.de/jachenfluenk.html
Müritzeum	154	Kb21		www.mueritz.de
Museum Altes Land	148	Fc21		www.jork.de/museen
Museum für Magie und Hexenverfolgung	154	Kd21		www.penzlin.de/D/d_burg/index.html
Museumsbahn	149	Gc22		eisenbahn.geesthacht.de
Museumseisenbahn	147	Gc14		www.vvm-museumsbahn.de
Museumseisenbahn	148	Fc22		www.90j.de/lexikon/Museumseisenbahn
Museumshof	147	Ha15		www.museumshof-lensahn.de

Deutsche Ostseeküste 157

Name	Seite	Koord.	weitere Seiten	URL
Nationalpark Jasmund	153	Lb12	113, 115	www.nationalpark-jasmund.de
Nationalpark Schleswig-Holsteinisches Wattenmeer	144	Ec12		www.wattenmeer-nationalpark.de/main.htm
Nationalpark Vorpommersche Boddenlandschaft	152	Kb13	96, 99, 105, 110	www.nationalpark-vorpommersche-boddenlandschaft.de
Naturkundemuseum	144	Ec11		www.nkm-niebuell.de
Naturpark Aukrug	146	Fd16		www.naturpark-aukrug.de
Naturpark Harburger Berge	148	Fd22		www.wildpark-schwarze-berge.de
Naturpark Holsteinische Schweiz	147	Gc17	45	www.naturpark-holsteinische-schweiz.de
Naturpark Hüttener Berge	146	Fc13		www.naturpark-huettener-berge.net
Naturpark Information	151	Jd21		www.absolut-mecklenburg.de
Naturpark Insel Usedom	155	Ld17	139	www.naturpark-usedom.de
Naturpark Lauenburgische Seen	150	Ha20	61	www.kreisforst.de/naturpark.htm
Naturpark Mecklenburgische Schweiz und Kummerower See	154	Kb18		www.naturpark-mecklenburgische-schweiz.de
Naturpark Mecklenburgisches Elbetal	149	Hb23		www.elbetal-mv.de
Naturpark Nossentiner/Schwinzer Heide	151	Ka20		www.naturpark-nossentiner-schwinzer-heide.de
Naturpark Westensee	146	Ga15		www.tourismus-naturpark-westensee.de
Naturschutzzentrum	153	Lc16		www.ostsee.de/insel-usedom/naturschutz.html
Neu Wulmstorf	148	Fd22		www.neu-wulmstorf.de
Neubrandenburg	154	La20		www.neubrandenburg.de
Neuendorf	153	Kd12	105	www.hiddensee-neuendorf.de
Neuhaus/Elbe	149	Hb23		www.neuhaus-elbe.de
Neukamp	153	La14		www.putbus.de/tourismus.htm
Neumünster	146	Ga17		www.neumuenster.de
Neustadt in Holstein	150	Ha16	48	www.neustadt-holstein.de
Niebüll	144	Ec11		www.niebuell.de
Niehagen	152	Jd14	93	www.ostseebad-ahrenshoop.de
Nienhäger Holz			81	
Nienhagen	151	Jb16	77	www.m-vp.de/1075/index.htm
Nikolaikirche	153	Kd14		www.hansestadt-stralsund.de/article/view/12
Niobe-Denkmal	147	Hb13		www.tetti.de/FEHMARN2001/gammendorf.html
Nissenhaus	144	Ed13		www.nissenhaus.de
Noctalis	148	Gb18		www.noctalis.de
Noer	146	Ga13		de.wikipedia.org/wiki/Noer
Nolde-Museum	144	Ec10		www.nolde-stiftung.de
Nord-Ostsee-Kanal	146	Fb16	29, 35	www.kielkanal.de
Nordermühle	144	Eb13		www.pellworm.de/heiraten-nordermuehl.0.html
Norderstedt	148	Ga20		www.norderstedt.de
Nordstrand	144	Ed13		www.nordstrand.de
Nortorf	146	Fd16		www.nortorf.de
Nübbel	146	Fc15	25	www.nuebbel.de
Ochsenweg			17	www.ochsenweg.de
Oder	155	Mc20	135	de.wikipedia.org/wiki/Oder
Östliches Vorpommern			129	
Oldenburg i. Holstein	147	Ha15		www.oldenburg-holstein.de
Olympiahafen	146	Gb14		www.sporthafen-kiel.de
Orth	147	Hb13	42	www.fehmarn-orth.de
Ostseebäder			77, 119, 125, 133	
Ostseestadion	152	Jc16		www.fc-hansa.de/de/stadion/stadioninfos.html
Ostseetherme	150	Ha17		www.ostseetherme.de
Oststeinbek	148	Gb21		www.oststeinbek.de
Otto-Lilienthal-Museum	155	Lc18		www.lilienthal-museum.de/olma/intro.htm
Palmschleuse	149	Gd23		www.palmschleuse.de
Pasewalk	155	Ld21		www.pasewalk.de
Peene	155	Lc18	135	www.peene-portal.de/aktuell/index2.php
Peenemünde	153	Lc15		www.peenemuende.de
Peenestrom	155	Ld17	129, 135	www.mvweb.de/segeln/reviere/peenestrom.html
Pellworm	144	Ec13		www.pellworm.de
Pelzerhaken	150	Ha17		www.neustadt-in-holstein.de
Petersdorf	147	Hb13	42	www.fehmarn.ost-see-urlaub.de
Phänomenta	145	Fb10		www.phaenomenta.com/flensburg
Pinneberg	148	Fd20		www.pinneberg.de
Plön	147	Gc16	45, 47	www.touristinfo-ploen.de
Plöner See	147	Gc16	44	www.grosseploenersee-rundfahrt.de
Poel			69	www.poel.de
Preetz	146	Gb15		www.preetz.de
Prerow	152	Ka13	94, 97, 101	www.prerow.de
Pritzwald	153	La15		www.ruegen-web.de/Ruegen-von-A-bis-Z
Probstei			39	www.probstei.de
Prora	153	Lb13	119	www.ruegen-kompass.de/ruegentour/prora.htm
Putbus	153	La14	105, 127	www.putbus.de
Putgarten	153	La11	110	www.ruegen.de/putgarten.html
Puttgarden	147	Hc13	43	www.tetti.de/FEHMARN2001/s32.html
Quickborn	148	Ga20		www.quickborn.de
Raisdorf	146	Gb15		www.raisdorf.de
Rantum	144	Ea10		www.rantum.de

Name	Seite	Koord.	weitere Seiten	URL
Rasender Roland	153	Lb13	123, 125	www.rasender-roland.de
Ratekau	149	Gd18		www.ratekau.de
Rathaus Grimmen	152	Kc16		www.grimmen.de/tourismus/
Rathaus Rostock	152	Jc16		www.rostock.de
Rathaus Stralsund	153	Kd14		www.stralsund.de
Ratzeburg	150	Ha20	61	www.ratzeburg.de
Reinbek	148	Gb22		www.reinbek.de
Reinfeld	149	Gc19		www.reinfeld.de
Rellingen	148	Fd20		www.rellingen.de
Rendsburg	146	Fc15		www.rendsburg.de
Rerik	150	Ja16		www.rerik.de
Reuterstadt Stavenhagen	154	Kc19		www.stavenhagen.de
Rhododendronpark	152	Jd15		www.ostsee.de/graal-mueritz/rhododendronpark.html
Ribnitz-Damgarten	152	Ka15		www.ribnitz-damgarten.de
Richard-Heizmann-Museum	144	Ec11		www.haizmann-museum.de
Ringwall	150	Hd19		www.zum.de/Faecher/G/BW/Landeskunde/w2/hanse/
Rosarium	148	Fc20		www.rosarium-uetersen.city-map.de
Rosengarten	148	Fd22		www.gemeinde-rosengarten.de/internet/
Rostock	152	Jc16	13, 63, 73, 74, 85, 87, 89, 93	www.rostock.de
Rügen	153	La13	100, 109, 113, 121, 125	www.ruegen.de
Rügendamm	153	Kd14	103	www.ruegendamm.de
Ryck			131	de.wikipedia.org/wiki/Ryck
Sassnitz	153	Lb12	117	www.sassnitz.de
Schaabe	153	La12		kap-man.de/e-rueg0304.htm
Schaalsee	150	Hb21	67	www.schaalsee.de
Scharbeutz	150	Ha17	49	www.scharbeutz.de
Schenefeld	148	Fd21		www.stadt-schenefeld.de
Schifferkirche	145	Ga13		www.schifferkirche-ahrenshoop.de
Schiffshebewerk	149	Gc23		www.scharnebecker.de
Schlei	145	Fb12	17, 23, 26	www.schlei-ostsee-urlaub.de
Schleimünde	145	Ga11		www.jordsand/oehe/index.htm
Schleimünde	145	Ga11		www.jordsand/oehe/index.htm
Schleswig	146	Fc13	19, 23	www.schleswig.de
Schleswiger Ostseeküste			9	
Schloss Ahrensburg	148	Gb20		www.schloss-ahrensburg.de
Schloss Bothmer	150	Hc18	65	www.schloss-bothmer.de
Schloss Breitenburg	148	Fc18		www.sh-tourismus.de
Schloss Dargun	154	Kc18		www.burgenland-mv.de/html/dargun.html
Schloss Eutin	147	Gd16	46	www.burgen-und-schloesser.net/427/home.htm
Schloss Glücksburg	145	Fc10	11	www.schloss-gluecksburg.de
Schloss Gottorf	146	Fc13	19	www.schloss-gottorf.de
Schloss Granitz			123, 125	www.ruegen-web.de/Ruegen-von-A-bis-Z
Schloss Güstrow	151	Jc19		www.schloss-guestrow.de
Schloss Husum	144	Ed13		www.nissenhaus.de/schloss.htm
Schloss Ivenack	154	Kc19		www.reiselust-peene.de/B/stavenhagen.htm
Schloss Kaarz	150	Ja20		www.schloss-kaarz.m-vp.de
Schloss Kittendorf	154	Kc20		www.schloss-kittendorf.de
Schloss Klink	154	Kb21		www.m-vp.de/schloss-klink
Schloss Ludwigsburg			27	www.schloesser-magazin.de/de/objekte/lb/lbth.php
Schloss Mellenthin	155	Ld17		www.vorpommern-infoweb.de/mellenthin.htm
Schloss Passow	151	Jc21		www.schloss-passow.de
Schloss Plön	147	Gc16	45	www.burgen-und-schloesser.net/429/home.htm
Schloss Reinbek	148	Gb22		www.bergedorfmuseum.de
Schloss Rossewitz	151	Jd18		www.hotel-adler.info/rossewitz.htm
Schloss Schwerin	150	Hd20	74	www.schwerin.com/ansicht/schloss.html
Schloss Winsen	148	Gb23		www.winsen.de/erleben/kultur/museen/schloss.html
Schloss Wotersen	149	Gd21		www.wotersen.com
Schlosspark	153	La14		www.gutshaeuser.de/schloesser/putbus.html
Schmale Heide			96	www.ruegen-parks.de/
Schmalspurbahn Molli	151	Jb16	77	www.molli-bahn.de
Schmalspurbahn Rasender Roland	153	Lb13	123, 125	www.rasender-roland.de
Schönberg	147	Gc14	39	www.schoenberg.de
Schönberger Strand	147	Gc14		www.schoenberg-ostseebad.de
Schönkirchen	146	Gb14		www.schoenkirchen.de
Schutzstation Wattenmeer	144	Ea10		www.schutzstation-wattenmeer.de/verein/rantum.html
Schwaan	151	Jc18		www.amt-schwaan.de
Schwansen			23, 27	www.amt-schwansen.de
Schwarzenbek	149	Gc22		www.schwarzenbek.de
Schwentine			45	de.wikipedia.org/wiki/Schwentine
Schwerin	150	Hd20		www.schwerin.de
Schweriner Schloss	150	Hd20	74	www.schloss-schwerin.de
Schweriner See	150	Hd20		www.schweriner-see.de
Sea Life	150	Ha17		www.sealife-timmendorf.de
Seebäder			77, 119, 125, 133	www.vorpommern-infoweb.de/seebaeder.htm
Seebrücke	155	Ma17		www.insel-usedom.net/zwseebruecke.html
Seevetal	148	Ga23		www.seevetal.de
Selenter See			39	www.selentersee.de
Sellin	153	Lc13	108, 120, 125, 127	www.sellin.de
Sierksdorf	150	Ha17	49	www.sierksdorf.de
Slawendorf	154	Kd21		www.mueritz.de/passentin
Snow FunPark	150	Hb21		www.snowfunpark.com
St. Bartholomaei	154	Kd18		www.kirchenkreis-demmin.de

158 Deutsche Ostseeküste

Von links: die Rostocker Stadtsilhouette mit den historischen Kaispeichern im alten Stadthafen an der Warnow; das Wasserschloss Glücksburg; die Kreideklippen im Nationalpark Jasmund; im Lübecker Buddenbrookhaus; der Leuchtturm »Gellen« auf Hiddensee.

St. Cosmae	148 Fb21		www.stade.de/UPLOADS/kt/rundgang/3_cos.htm
St. Georg	145 Fc12		de.wikipedia.org/wiki/Oeversee
St. Jakob und St. Dionysius	150 Hb20		www.gadebusch.de/stadt/histo.php?value=kirche
St. Johannis	144 Eb11		www.friesendom.de
St. Laurentii	148 Fc18		www.kirche-itzehoe.de
St. Laurentius	150 Ha19		
St. Marien	145 Fc11		www.soerup.de/kirchen.html
St. Marien	153 La13		www.ruegenjournal.de/bm/kirchen/index.php
St. Marien, Lübeck	149 Gd18	55	www.luebeck.de/tourismus_freizeit/
St. Marien und Johannes	154 Kb19		www.kirchenmusik-mecklenburg.de
St.-Marien-Kirche	153 Kd16		www.grimmen.de/tourismus/rundgang.htm
St. Marien-u. Bartholomäi	148 Fc22		
St. Michaelis	147 Gd16		www.bay-web.de/werk-web/bosau/eutin1.htm
St. Michaelis	148 Ga21		www.st-michaelis.de
St. Michaelisdonn		25	www.st-michaelisdonn.de.vu
St. Nicolai	145 Fd12		www.genealogienetz.de/reg/SCN/kirchenkreise-d.html
St. Nicolai	146 Fd13		www.kirche-christen-juden.org/dokumentation
St. Nikolai	148 Fc19		www.kantorei-elmshorn.de/1024/index.php
St. Nikolai	149 Gd20		www.moelln.de/moelln/geschi/nicolai.htm
St. Nikolai	150 Hd18		www.kirchenkreis-wismar.de/St_Nikolai.34.0.html
St. Peter und Paul	151 Ka19		www.m-vp.de/1014/seiten/sehenswe4.htm
St. Petri	148 Fd22		www.st-petri-buxtehude.de
St. Petri	153 Lc16		www.insel-usedom.net/kirchewolgast.htm
St. Petri	154 La19		www.kirche-altentreptow.de/stpetri.htm
St. Petri, Lübeck	149 Gd18	55	www.st-petri-luebeck.de
St. Vicelin	146 Ga17		www.st-vicelin.city-map.de
Stade	148 Fb21		www.stade-tourismus.de
Stadt der Windmühlen	154 Lb21		www.woldegk.de
Stadtbefestigung	154 Lb19		www.mvweb.de/staedte/friedland/index.html
Stadtkirche Richtenberg	152 Kc15		www.wieland-meinhold.de/termine/index.html
Stadtkirche Sternberg	151 Jb20		www.class-germany.de/kirchen.htm
Stelle	148 Gb23		www.gemeinde-stelle.de
Stettiner Haff	155 Ld18	129	www.stettiner-haff.de
Stiftskirche	146 Ga16		www.kirchenkreis-schleswig.de
Stiftskirche	151 Jc18		www.buetzow-schwaan.de/buetzow/stiftskirche.htm
Stockelsdorf	149 Gd18		www.stockelsdorf.de
Storm-Haus	146 Fb16		www.amthanerau-hademarschen.de/270.html
Stralsund	153 Kd14		whc.unesco.org/pg.cfm?cid=31&id_site=1067
	73, 93, 103, 123		
Strande	146 Gb13		www.strande.de
Strasburg	155 Lc21		www.strasburg.de
Streckelsberg	153 Ld16		www.seaside.de/html/usedom/usedom_streckelsberg.html
Strelasund		103	whc.unesco.org/pg.cfm?cid=31&id_site=1067
Stubbenkammer		113	www.ruegen-inselurlaub.de
Südermühle	147 Hb13		www.suedermuehle.de
Sylt-Aquarium	144 Ea10		www.syltaquarium.de
Sylt-Ost	144 Ea10		www.sylt-ost.de
Synagoge	151 Jd20		www.krakow-am-see.de/1842.HTML
Tangstedt	148 Ga20		www.unser-tangstedt.de
Tarp	145 Fb12		www.tarp.de
Teterow	151 Ka19		www.teterow.de
Theodor Fontane		117	
Thiessow	153 Lc14	108	www.ostseebad-thiessow.de
Thomas Mann		59	
Tiefste deutsche Landstelle -3,6 m	148 Fb18		www.stover.de/ausflug.htm
Tierpark Hagenbeck	148 Ga21		www.hagenbeck.de
Tigerpark	150 Hb18		www.tigerpark-dassow.de
Timmendorf	150 Hd17	68	www.timmendorf.sh
Timmendorfer Strand	150 Ha17	49	www.timmendorfer-strand.de
Torgelow	155 Ld20		www.torgelow.de
Tornesch	148 Fd20		www.tornesch.de
Trappenkamp	146 Gb17		www.trappenkamp.de
Trave	150 Ha18	49, 57	www.trave-info.de
Travemünde	150 Ha18	49, 59	www.leuchtturm-travemuende.de
Trittau	149 Gc21		www.trittau.de
U-Boot		13	
Ueckermünde	155 Ma19		www.ueckermuende.de
Uetersen	148 Fc20		www.uetersen.de
Ukranenland	155 Ld20		www.ukranenland.de
UNESCO-Weltkulturerbe		37, 53, 71, 103	www.unesco-welterbe.de/de/index.html
Unterwarnow		89	
Usedom	155 Ld18		www.usedom.de
	121, 129, 133, 137		
Victoriasicht	153 Lb12		www.weltenansicht.de/brd/pics2.5.php
Vitt	153 La11		www.kreidefelsen.de/insel-guide/Ruegen/vitt.htm
Vitte	153 Kd12	105	www.hiddensee.de/inselfuehrer/luftbilder_vitte.html
Vogelfluglinie		43	www.burg-fehmarn.de/?show=vogelfluglinie_ersterteil
Vogelpark	152 Ka16		www.vogelpark-marlow.de/index_start.php
Vogelschutzgebiet	145 Fd11		www.duwenhoegger.net/FeWo-Anfahrtsplan.html
Vorpommern		95	www.vorpommern.de
Wagrien		25, 41	www.geschichte-s-h.de/vonabisz/wagrien.htm
Wahlstedt	148 Gb18		www.wahlstedt.de
Wakenitz		57	www.wakenitz-schiffahrt-quandt.de
Wallmuseum	147 Ha15		www.oldenburger-wall.de
Waren	154 Kb21		www.waren-mueritz.de
Warnemünde	152 Jc16		
		13, 87, 89, 106	www.warnemuende.de
Warthe	155 Ld17	134	www.warthe.de
Wasserburg Quilow	154 Lb17		www.vorpommern.de
Wassermühle	146 Fb16		www.roland-harder.de/albersdorf/wassermuehle.html
Wasservogelreservat Wallnau	147 Hb13		www.nabu-wallnau.de
Wasserwelt Nemo	153 Lb13		www.nemo-wasserwelt.de
Wedel	148 Fd21		www.wedel.de
Weißenhäuser Strand	147 Ha15		www.weissenhaeuserstrand.de
Weißenhaus	147 Ha15	24	www.stranddorf.de
Wentorf	148 Gb22		www.wentorf.de
Werften		91	
Westerland	144 Ea10		www.westerland.de
Weststrand		94, 97	www.weststrand-kborn.de
Wikinger		21, 35	
Wikingermuseum	146 Fc13		www.schloss-gottorf.de/wmh/index.php
Wildpark Eekholt	148 Ga18		www.wildpark-eekholt.de
Wilster	148 Fb18		www.wilster.de
Windmühle	150 Hd17		www.muehlen-mv.de/muehlenwege/stove.htm
Windmühlenmuseum	144 Ea12		www.amrumer-windmuehle.de
Winsen (Luhe)	148 Gb23		www.winsen.de
Wisentgehege	151 Ka21		www.waren.de/wisentgehege.htm
Wismar	150 Hd18		whc.unesco.org/pg.cfm?cid=31&id_site=1067
		63, 71, 73, 93	
Wismarbucht	150 Hd18	63, 69	www.tourist-online.de/Wismarbucht
Wissower Klinken	153 Lb12	113	www.ruegen-hiddensee.de/Sehenswertes
Wittenburg	150 Hb21		www.wittenburg.de
Wolgast	153 Lc16	135	www.wolgast.de
Wonnemar	150 Hd18		www.wonnemar.de/wismar/index.html
Wustrow	152 Jd14	93	www.insel-wustrow.de/
Wyk auf Föhr	144 Eb12		www.foehr.de/inseltour/wyk/index.htm
Zeesenboote		92	www.braune-segel.de
Zempin	153 Ld16	128	www.seebad-zempin.de
Zeven	148 Fb23		www.zeven.de
Zickerschen Berge		127	www.hoevt.de/Ausflug_Zickersche_Berge.html
Zingst	152 Kb13	96	www.zingst.de
Zinnowitz	153 Ld16		www.zinnowitz.de
Zisterzienserkloster	152 Kc15		www.kloster-stiepel.de/
Zoo	152 Jc16		www.zoo-rostock.de

Bildnachweis

Abkürzungen:
C = Corbis
L = laif
P = Premium
Sch = Schapowalow
Z = Zielske

Nummerierung von links oben nach rechts unten.

Cover: Zielske. 1: Böttcher; 2/3: P/C.&R. Dörr; 4/5: f1online/Prisma; 6/7: Sch/Menges; 8.1: Visum/W. Steche; 8/9: freelens/J. Tack; 10.1: C/S. Raymer; 10/11: Z; 12.1+2 + 12/13: Joker/I. Baier; 13.1: Caro/Korth; 13.2: Caro/Meyerbroeker; 13.3: photothek.net/L. Johannssen; 14.1: C/S. Raymer; 14/15 + 15.1: Visum/G. Schlaeger; 16.1+2: agenda/W. Huppertz; 16/17: Caro/Korth; 17.1: Look/Engel & Gielen; 18.1: Caro/Korth; 18.2: agenda/W. Huppertz; 18/19: Z; 20.1+2: Focus/H. Mueller-Elsner; 20/21: Z; 22.1+2+3 + 22/23: L/Westrich; 24.1: Visum/W. Steche; 24.2: I. Wandmacher; 24.3: Visum/W. Steche; 24.4: FAN travelstock; 24.5: Sch/Huber; 24/25: Arco Digital Images/R. Erl; 25.1: Visum/W. Steche; 25.2+3: FAN travelstock; 25.4: Visum/S. Sobotta; 26.1: Focus/H. Teufel; 26/27: W. Otto; 27.1: Wildlife/H. O. Schulze; 28.1: C/zefa/Svenja-Foto; 28.2: C/K.-H. Hänel; 28/29: Z; 30.1+2+3: J. Lantelme; 30 links: L/Jaenicke; 30/31: W. Deuter; 32.1: Z; 32/33: Visum/Aufwind-Luftbilder; 33 rechts: C/Reuters/C. Charisius; 34.1+2: Caro/Bastian; 34/35: IFA/Aberham; 36.1: Visum/W. Steche; 36/37: Wothe; 38.1+2: I. Wandmacher; 38.3: W. Otto; 38/39: FAN travelstock; 40.1+2: Sch/Brueggemann; 40/41: stockmaritime.com/Seaborne; 41.1+2: Tamm/Food Centrale Hamburg; 42.1: C/K.-H. Hänel; 42.2: Arco Digital Images/W. Rolfes; 42.3 + 42/43: Z; 44.1 + 44/45: Visum/M. Franz; 45.1,2,4: blickwinkel/M. Hoefer; 45.3 (Ringeltaube): Okapia; 45.5 (Frosch): Wildlife; 46.1: P; 46/47: Sch/Menges; 48.1: IFA/Walz; 48.2: teamwork/Duwentaester; 48/49: Z; 50.1: Z; 50.2+3: L/Modrow; 50/51: Z; 52.1: f1online/Bartel; 52/53: M. Luedecke; 53 rechts: Bildagentur-online/Falkenstein; 54.1: Monheim/F. Monheim; 54.2: wildlife/S. E. Arndt; 54 links: T. Krausz; 54/55: C/W. Kaehler; 55.1+3: Kollektivfoto; 55.2: bildagentur online; 56.1: Visum/R. Niemzig; 56.2: FAN travelstock/I. Wandmacher; 56/57: Z; 58.1 + 58/59: Z; 59.1: photoplexus; 60.1,2,3: Okapia; 60/61: Look/H. Wohner; 61.1,2,3: Monheim/F. Monheim; 62.1 + 62/63: L/Kirchner; 64.1: L/Babovic; 64.2: L/Kirchner; 64.3: M. Stolt; 64/65: L/Babovic; 65.1: Ostkreuz/U. Mahler; 65.2: L/Babovic; 65.3: L/Kirchner; 66.1 + 66/67 + 67 rechts: L/Kirchner; 68.1: H. Lade; 68/69: L/Kreuels; 69.1: Visum/S. Doering; 69 rechts: L/Kirchner; 70.1: bildagentur online; 70/71: Z; 72.1: bridgemanart.com; 72/73: Z; 73.1,2,3: akg-images; 74.1: Sch/Niehuus; 74/75 + 75.1: f1online/Steiner; 76.1: L/Babovic; 76/77: Sch/Niehuus; 77.1: Z; 78.1 + 78/79 + 79.1: K. Herschelmann; 79.2: images.de/Gaare; 79.3: L/Adenis/GAFF; 80.1: I. Wandmacher; 80.2: Arco Images/W. Rolfes; 80.3: alimdi.net/G. Kuehnle; 80/81: L/Kirchner; 81 rechts: Bildagentur-online/Falkenstein; 82.1: Sch/Niehuus; 82/83 + 83.1+2: www.blumebild.com/Blume; 84.1: T. Willemsen; 84/85: Z; 86.1: I. Wandmacher; 86.2+3 + 86/87: L/Kirchner; 88.1: L/Babovic; 88/89: L/Grabka; 89.1+2: L/Kirchner; 90.1: images.de/Sauer; 90 oben: variopress/U. Baumgarten; 90 unten: plainpicture/Luks; 91 oben: L/Bialobrzeski; 91 unten: L/Zenit/Langrock; 92.1: P/C. & R. Dörr; 92/93: L/Kirchner; 93.1: L/Zahn; 93.2: L/Kirchner; 93.3: W. Otto; 94.1 + 94/95: L/Kirchner; 96.1: FAN travelstock/T. Ebelt; 96/97: P/C. & R. Dörr; 97.1: L/Aberkam; 98.1+2: alimdi.net/J. Friedrich; 98.3,4,5 + 98/99: Wildlife/H. Schweiger; 100.1 + 100 links oben u. unten: L/Kirchner; 100/101 oben: Look/K. Wothe; 100/101 unten: L/Kirchner; 101 rechts oben: Böttcher; 101 rechts unten: L/Zahn; 102.1 + 102/103: Z; 103.1,2,3: L/Kirchner; 104.1: Das Fotoarchiv/K. Mueller; 104 oben: L/Zahn; 104 unten + 105 oben: L/Amme; 105 unten: Caro/Hechtenberg; 106.1: L/Kirchner; 106.2: argus/Schwarzbach; 106.3: pictureNEWS/O. Abraham; 106/107: D. C. Zahn; 108.1 + 108/109: Z; 110.1: L/Kirchner; 110.2,3,4 + 110/111: Sch/Niehuus; 112.1+2 + 112/113 + 113 rechts: Z; 114.1: Arco Digital Images/C. & R. Dörr; 114/115: Z; 114.2,3,4,5,6: Arco Digital Images/G. Schulz; 116.1: blickwinkel/U. Walz; 116/117: L/Jonkmanns; 117.1+2: L/Modrow; 117.3: Z; 118.1 + 118/119: Z; 120.1: Z; 120.2: L/Zuder; 120.3 + 120/121: Z; 121.1: L/Kirchner; 121.2+3: Z; 122.1: W. Otto; 122 links: Monheim/F. Monheim; 122/123: Look/H. Dressler; 123 rechts: A. Zeilmann; 124.1 + 124/125: Z; 126.1,2,3 + 126/127: Z; 128.1: Böttcher; 128/129: P/C. & R. Dörr; 130.1: Z; 130.2: L/Kirchner; 130.3+4: Visum/W. Steche; 130/131: Z; 132.1+2 + 132/133: Z; 134.1: L/Zahn; 134.2: Visum/G. Krewitt; 134/135: vario-press/bonn-sequenz; 135 rechts: version-foto.de/C. Ditsch; 136.1: Visum/W.Steche; 136/137: archivberlin/J. Henkelmann; 138.1: L/Zanettini; 138 oben u. unten: L/Kirchner; 139 oben: L/Müller; 139 unten: Z; 140/141: Z; 142/143: Focus/H. Zimmermann.

Impressum

© 2012 Verlag Wolfgang Kunth GmbH & Co KG, München
Königinstraße 11
80539 München
Telefon +49.89.45 80 20-0
Fax +49.89.45 80 20-21
www.kunth-verlag.de

Genehmigte Sonderausgabe

Text: Roland A. Wildberg/büro wildfisch

Alle Rechte vorbehalten. Reproduktionen, Speicherung in Datenverarbeitungsanlagen, Wiedergabe auf elektronischen, fotomechanischen oder ähnlichen Wegen nur mit der ausdrücklichen Genehmigung des Copyrightinhabers.

Printed in Slovakia

Alle Fakten wurden nach bestem Wissen und Gewissen mit der größtmöglichen Sorgfalt recherchiert. Redaktion und Verlag können jedoch für die absolute Richtigkeit und Vollständigkeit der Angaben keine Gewähr leisten. Der Verlag ist für alle Hinweise und Verbesserungsvorschläge jederzeit dankbar.